Félix Lope de Vega y Carpio

Historia de Tobías

Barcelona **2024**
Linkgua-ediciones.com

Créditos

Título original: Historia de Tobías.

© 2024, Red ediciones S.L.

e-mail: info@red-ediciones.com

Diseño de cubierta: Michel Mallard.

ISBN rústica: 978-84-9816-184-7.
ISBN ebook: 978-84-9897-715-8.

Sumario

Créditos _____ 4

Brevísima presentación _____ 7
   La vida _____7

Personajes _____ 8

Dedicatoria _____ 9

Jornada primera _____ 11

Jornada segunda _____ 53

Jornada tercera _____ 97

Libros a la carta _____ 143

Brevísima presentación

La vida

Félix Lope de Vega y Carpio (Madrid, 1562-Madrid, 1635). España.

Nació en una familia modesta, estudió con los jesuitas y no terminó la universidad en Alcalá de Henares, parece que por asuntos amorosos. Tras su ruptura con Elena Osorio (Filis en sus poemas), su gran amor de juventud, Lope escribió libelos contra la familia de ésta. Por ello fue procesado y desterrado en 1588, año en que se casó con Isabel de Urbina (Belisa).

Pasó los dos primeros años en Valencia, y luego en Alba de Tormes, al servicio del duque de Alba. En 1594, tras fallecer su esposa y su hija, fue perdonado y volvió a Madrid. Allí tuvo una relación amorosa con una actriz, Micaela Luján (Camila Lucinda) con la que tuvo mucha descendencia, hecho que no impidió su segundo matrimonio, con Juana Guardo, del que nacieron dos hijos.

Entonces era uno de los autores más populares y aclamados de la Corte. En 1605 entró al servicio del duque de Sessa como secretario, aunque también actuó como intermediario amoroso de éste. La desgracia marcó sus últimos años: Marta de Nevares una de sus últimas amantes quedó ciega en 1625, perdió la razón y murió en 1632. También murió su hijo Lope Félix. La soledad, el sufrimiento, la enfermedad, o los problemas económicos no le impidieron escribir.

Personajes

Tobías (Mozo).
Una Voz.
Tobías (Viejo).
Un Ángel.
Ana, su mujer.
Sarasar y Adramelech, hijos de Senacherib.
Un Pobre.
Bato y Jorán, villanos.
Un Viejo.
Ragel.
Un Criado.
Sara, su hija.
Otro Pobre.
Fisón, novio.
Senacherib, Rey de Asiria.
Asmodeo, Demonio.
Rapsaces, general.
Tamar.
Ecequías, Rey de Jerusalén.
Dos Villanos.
Eliachín.
Llorente.
Un Soldado.
Gil.
Otro Soldado.
El Perro.

Dedicatoria

Dirigida
A la señora doña María Puente Hurtado de Mendoza y Zúñiga.

Cuando entendiere (dice el divino Jerónimo escribiendo a Cromacio y a Heliodoro) que he cumplido con mi obligación en hacer lo que mandastes (esto es, traducir el libro de Tobías de la lengua caldea a la latina) habré merecido la recompensa de vuestras oraciones. palabras que justamente vienen a mi propósito dedicando a V. m. la misma historia como traducción fiel de la lengua latina a la castellana, que si bien el servicio parece desigual a sus merecimientos, por serlo tanto mi rudo ingenio en la traslación a la sustancia y pureza de este sagrado ejemplo de caridad y limpieza matrimonial en los dos Tobías, y en su bellísima esposa, no le pudiera hallar más a propósito mi obligación en cuanto tengo escrito, y daré a luz si la vida ayudare a los deseos; concurriendo en V. m. tan celestiales partes de hermosura, entendimiento y virtudes, que como no todas las comparaciones deben ser en todo, porque ya serían identidades, y por la opinión de nuestro español Quintiliano muchas cosas son lo mismo, pero de otra manera, pude muy bien hacer elección de la versión de esta sagrada historia, para que V. m. la honre y califique y yo quede, por lo menos, seguro de que supe emplearla si no acerté a traducirla con la licencia y dilación que la poesía permite, introduciendo figuras dialogísticas de que también tenemos ejemplo en los Cantares. Los versos que he escrito en alabanza de tan ilustres partes están en la segunda de mis rimas que aún no han llegado a la estampa, pero ya se acercan. Allí verá V. m. qué pudo ofrecerle mi ruda musa y aquí solo este advertimiento, y que a sus virtudes y gracias se me ofrecían casi atropellados los pensamientos, y como dijo Ovidio:

> Venían a mis verbos
> acomodados números
> de propia voluntad, que no forzados,
> hallándose la pluma
> dicho cuando quería.

Cosa que no sucede al ingenio, ni por naturaleza ni por arte, si no le mueve la grandeza del sujeto a la obligación y amor del poeta a las excelencias que conoce o a las obras que recibe. Aquí se junta todo, y en V. m. un divino ejemplo, para quien con debida pluma supiera imaginarle. Dios guarde a V. m. como desea.

Capellán de V. m.

Lope de Vega Carpio

Jornada primera

Salen Tobías el viejo y Ana su mujer y Tobías el mozo.

Tobías padre

Pues que por nuestros pecados
quiso el gran Dios de Israel
que fuésemos castigados
con cautiverio cruel,
y a tierra extraña arrojados;
    pues entre Medos y Asirios
pasamos tantos martirios,
cuantos van tristes deseos
a los campos Idumeos,
a los Samarios y Sirios:
    aplaquemos al gran Dios,
Ana, mi amada mujer,
y vos, mi hijo; que en vos
como en espejo he de ver
si somos uno los dos.
    Por eso os puse Tobías,
como mis padres a mí,
aunque en más felices días:
pues que yo mi nombre os di
tomad vos las obras mías.
    Cuando el rey Salmanasar
reinaba, el que cautivó
nuestros Tribus, pude yo
gracia en sus ojos hallar:
muchas doy al que la dio.
    Fui, siendo su esclavo herrado,
como sabéis, su privado,
y fui de todos consuelo;
presté mi hacienda a Gabelo,
mi deudo, aunque pobre, honrado.

Agora que su cruel hijo
reina, tan mal, quiere
todo el reino de Israel,
que por darle muerte muere,
y no hallamos gracia en él.
    Es ido contra Ecechías,
santo Rey, con tal furor,
que dice que en breves días
el gran templo del Señor
ha de ser cenizas frías.
    Con este aborrecimiento
tan mal trató sus cautivos,
que se mueren ciento a ciento,
y aun esos que quedan vivos
lo tienen por más tormento.
Hijos, y amada mujer,
Dios lo da; de Dios es todo;
hagamos bien; que ha de ser
el hacerles bien, el modo
por donde Dios le ha de hacer.
    ¿Qué tendremos hoy que dar?

Ana	No tengáis deso cuidado, señor; que no ha de faltar.
Tobías (Mozo)	Alguna gente ha llegado.
Tobías (Viejo)	Hijo, dejaldos entrar.
Tobías (Mozo)	A todos la puerta doy.
Tobías (Viejo)	Sois mi querido retrato. Sale una mujer pobre.

Mujer	Gracias al cielo que estoy a tus pies; el tiempo ingrato me trata así: noble soy: manto me falta: querría cubrir tanta desnudez.
Tobías (Viejo)	¡Ay corta haciendilla mía! Pero cúbrate esta vez el que a mi mujer cubría; toma y ve en paz.
Mujer	Dios te guarde.

Vase.
Sale otro pobre.

Pobre	No quisiera llegar tarde, si has dado limosna a todos; aunque en ti de muchos modos amor de Prójimos arde.
Ana	¿Vos pedís con tal salud?

Tobías (Viejo)	Ana, callad, que es mal hecho:
	no hagáis vicio la virtud:
	que inquirir del pobre el pecho
	es vana solicitud.
	    Él pide por Dios, y es Dios;
	¿pues cómo vos presumís
	entender a Dios? Si vos
	esto de Dios recibís,
	daldo por Dios a los dos;
	    tomad, hijo, este vestido.

Pobre	Dios os pague tanto bien.

Vase.
Sale un viejo.

Viejo.	¡A qué buen tiempo he venido!
Tobías (Viejo)	¿Quién es?

Viejo.	En Jerusalén
	ya fui de vos conocido;
	  de un tiempo somos cautivos,
	del tribu de Neptalín.
	Soy como vos: los esquivos
	tiempos han dado este fin
	a mis intentos altivos.
	  Un hijo tengo en prisión
	por deudas.

Tobías (Viejo)	Los deudos son para las deudas muy buenos: no sé si son más o menos, mas sé que es más la intención. En esa bolsa tendréis, pariente, con que paguéis.
Viejo.	Dios os prospere y aumente.

Vase.

Tobías (Mozo)	Afuera espera gran gente para que a comer les deis; mas no sé si habrá comida para tantos.

Tobías (Viejo)	¿Vos dudáis, hijo?
Tobías (Mozo)	¡Es poca!
Tobías (Viejo)	Repartida, si a Dios primero miráis, que es sustento, amparo y vida, veréis que basta y que sobra.
Tobías (Mozo)	Si él echa su bendición, bien sé el aumento que cobra.

Sale un criado.

Criado	Aquí ha llegado Filón.
Tobías (Viejo)	¿Qué pide?
Criado	Una buena obra. Del tribu de Benjamín hay un difunto, y en fin, aún no le cubre mortaja.
Tobías (Viejo)	Solo en eso se aventaja el rico al pobre: en el fin: tendrála el rico delgada, y ése la tendrá grosera; voyle a enterrar, Ana amada: dando de comer, me espera, a esa pobre gente honrada. Tú, hijo, ayuda.
Tobías (Mozo)	Estad cierto

del contento que recibo.

Tobías (Viejo)   Mucho obliga a Dios, te advierto,
el dar de comer al vivo,
y el ir a enterrar el muerto.

Vanse y sale una caja, soldados y banderas, y el rey Senacherib y Rapsaces, capitán.

Rapsaces   Hablé con Eliachín, hijo de Elchías,
amenazando el pueblo de tu parte.

Senacerib   ¿En qué confía el mísero Ezechías?

Rapsaces   Faltóle el oro ya con que rogarte.

Senacerib   Si en el rey Faraón de Egipto fías,
¿cómo puede valerte ni ayudarte
un báculo de caña quebradizo
que engaña a quien su fuerza satisfizo?
    ¡Triste Jerusalén! si el padre mío
llevó desde una a otra provincia varia
al Habor y al Gozán, de Media río,
cautivos a los tribus de Samaria,
¿dónde está de tu Dios el poderío?
¿A dónde está la fuerza necesaria
para hacer a mis armas resistencia?
Ampáraste de escudos de paciencia.
    Tu alcázar de Sión fundada en alto,
de tu David humilde a mi trofeo,
rendida miro en el primer asalto
por más que la defienda el Dios hebreo;
no está mi Dios Nefrach de fuerzas falto
como estuvo el del otro Filisteo:

cuando con sus hazañas me respondas,
no temo yo las pastoriles hondas.
   Soy yo Senacherib, el Rey de Asiria;
tengo más fuerte la cerviz y frente,
que desde Gaza hasta la playa Tiria
los campos cubriré de armada gente;
hoy baño en sangre a Palestina y Siria,
al hermoso Carmelo, al eminente
Líbano, cuyos cedros a mis rojas
plantas de sangre, estrado harán sus hojas.
   Tú verás al Cedrón pasar al Medo
sobre puentes de cuerpos infelices,
y el templo cuya altura puso miedo
a las estrellas, y que santo dices
de mí, que su más alta torre excedo,
y a la más fértil palma las raíces,
bañado en fuego y humo y derribada
por el suelo su cúpula dorada.
   Gigante soy en quien Asiria estriba
el peso de su imperio soberano:
vuestra arca santa llevaré cautiva:
sus serafines temblarán mi mano;
no me corono yo de verde oliva
ni he de temer que aparte el vidrio cano
del mar bermejo en frágiles canceles,
ese Dios de Abrahanes e Israeles.
   Parte, Rapsaces: llevarás firmada
de mi espantosa firma al Rey cercado,
carta en que diga que su infame espada
rinda a mis pies.

Rapsaces   Yo voy.

Senacerib   Fuera excusado,

pero quiero mostrar cuánto me agrada
tener piedad de un hombre desdichado,
porque si saco la que tiembla el suelo,
aun es corta defensa todo el cielo.

Vase y salen el rey Ezequías, de Jerusalén, y Eliachín.

Ezequías   Rasgaré por el dolor
       mis vestidos, Eliachín.

Eliachín   Ten esperanza; que al fin
       has de salir vencedor.

Ezequías   Si está nuestro Dios airado,
       ¿dónde hallaremos defensa?

Eliachín   Contra el Rey de Asiria piensa
       que está airado y enojado,
        no contra Jerusalén;
       mira que el hijo de Amós
       dice, de parte de Dios,
       que este crédito le den.

Ezequías   Creo, Eliachín, a Isaías,
       mas pésame que blasfeme
       quien a nuestro Dios no teme.

Eliachín   ¡Si piensa que son los días
        de Hieroboán y Achaz
       tan lamentados en Siria!

Sale un soldado.

Soldado   Senacherib, Rey de Asiria,
       sin darte salud ni paz,

aquesta carta te envía.

Ezequías   ¿Quién te la dio?

Soldado   Un capitán.

Ezequías   ¿Qué esperanzas me darán
mi temor y su osadía?

Eliachín   Que traiga poder tan fuerte.

Ezequías   De blasfemar no se aparta;
lee, Eliachín, esa carta.

Eliachín   Dice, señor, de esta suerte:

Lee.

«No te engañe tu Dios en quien confías
ni que Jerusalén vendrá a las manos
del Rey de Asiria, dudes, Ezequías,
pues son a mi poder los montes llanos.
Si mis padres tuvieron tantos días
(después de ser vuestros intentos vanos)
el imperio de Siria y Palestina,
¿qué esperanza os engaña y desatina?
    Abridme la ciudad: ríndame el muro
Jerusalén: besad mis pies, cobardes:
Refeph y Arán en cautiverio duro
pusieron vuestros tímidos alardes
adonde estuvo el Rey de Arphad seguro;
¿y qué lugar habrá donde te guardes,
Rey de Jerusalén, de mi trofeo?
Advierte que te engaña el Dios hebreo.»

Ezequías	No digas más, Eliachín:
	pidamos misericordia
	a Dios, por que en tal discordia
	ponga a su arrogancia fin.
	Tomad el cetro Real:
	tomad el sacro ornamento:
	dad ceniza a quien es viento:
	dadme un saco de sayal.
	Hacer quiero humildemente
	oración a Dios.
Eliachín	Traed
	lo que pide.
Ezequías	En tu merced,
	gran señor omnipotente,
	se pone Jerusalén
	y las puertas de Sión.

Sacan en dos fuentes de plata un saco de sayal, y una soga, y ceniza en una salva.

Soldado	Éstos la ceniza son
	y el saco.
Ezequías	¿Hay soga?
Soldado	También.
Ezequías	Muestra: ayúdame a vestir:
	atadme bien esa soga;
	que la que mi cuello aboga
	bien me pudiera servir.

Eliachín	Ya, señor, vestido estás.
Ezequías	Dadme la ceniza.
Eliachín	Ten.
Ezequías	No Rey de Jerusalén: polvo y nada soy no más. Echaréla en mi cabeza, y con aqueste dolor llorando hablaré al Señor.
Soldado	¡Qué lástima!
Eliachín	¡Qué tristeza! Abrid esos velos luego.

Descúbrese un altar con el arca.

¡Dios de Israel, bien de bienes,
que por escabelos tienes
los serafines de fuego!
  Tú solo en la paz y guerra
eres Dios, y pones leyes
a los arrogantes reyes;
Tú hiciste el cielo y la tierra.
  Inclina tu santo oído:
oye estos graves enojos:
abre tus divinos ojos
y mira un hombre atrevido.
  Oye las palabras fieras
de Senacherib airado:
verdad es que han sujetado

mil tierras con sus banderas,
   y que los dioses gentiles
han dado al fuego, Señor;
pero eran piedra y labor
de las manos de hombres viles.
   Tú eres Dios: tú vives, y eres
Señor del cielo; y es bien
que, libre Jerusalén,
conozcan que tú lo quieres;
   libra tu pueblo, Señor:
conozcan que eres Dios solo
desde el uno al otro polo.

Sale un soldado.

Soldado 2.º   Pierde, gran Rey, el temor.

Ezequías   ¡Cómo!

Soldado   ¿Qué dice Isaías,
qué dice el Dios de Israel?
Que en tu congoja cruel
oyó tu llanto, Ezequías:
   que no entrará en la ciudad
el rey Asirio, ni escudo
persa, ni flecha, ni pudo
no siendo su voluntad.
   Dice que le ha de poner
una argolla en las narices,
y en los labios infelices
un freno con su poder.
   No le valdrá su maldad,
no su soberbia; advertid
que por su siervo David

	quiere salvar la ciudad.
	Dice que se volverá
	por donde vino muy presto.
Ezequías	¿Qué albricias me pides desto?
	¿A dónde el profeta está?
Soldado	Ven conmigo a hablar con él.
Ezequías	Démosle gracias los dos
	a Dios; que no hay otro Dios
	si no es el Dios de Israel.

Vanse, y salen el rey Senacherib, Rapsaces, capitán, y algunos soldados.

Senacerib	Nadie se desarme, amigos:
	dormid así, porque al alba
	han de ser de nuestra salva,
	cielos y tierra testigos.
	Entre dos luces asalto
	la triste Jerusalén:
	duerman y descansen bien
	mientras que su muro esmalto
	de sangre, como el aurora
	de oro: abrid el pabellón:
	mañana tendré en Sión
	el que en los campos agora.
	Entrad, fuertes capitanes,
	entrad, y armados dormid;
	que el alcázar de David,
	de Acaz y Hieroboanes,
	os dará presto mejores
	camas y techos dorados,
	pabellones recamados

y tapetes de labores.
    Mañana en mesas de jaspe
beberéis el Palestino,
dulce, aromático vino,
sin que éste os acede y raspe.
    Mañana tendréis asientos
de ébano y marfil, si aquí
de hierba, y tendréis de mí
preciosos alojamientos.
    Mañana, hermosas doncellas
os vendrán a regalar,
cantar, tañer y bailar,
blandas, dulces, tiernas, bellas.
    Si aquí el son del ronco parche
y del metal sonoroso
os quita el justo reposo
porque se acometa o marche,
    mañana a vuestros caballos
el templo de Salomón
ha de servir de mesón:
de plata herraréis sus callos.
    Ea: no es menester vela
ni guarda: durmiendo está
el Dios hebreo.

Rapsaces   Entra ya;
que el temor es centinela.
    Ése nos defiende bien.

Senacerib   Toda su esperanza es vana;
con laurel entro mañana
triunfando en Jerusalén.

Entrase detrás de una cortina y parezca un Ángel, y descúbrese un marco con un velo de plata delante, y detrás esta voz.

Voz
　　　　　　Las lágrimas de Ezequías
　　　　　　oí: las blasfemias fieras
　　　　　　de las asirias banderas.
　　　　　　incitan las manos mías.
　　　　　　　¡Ministro!

Ángel
　　　　　　　¡Señor!

Voz
　　　　　　　Al punto
　　　　　　baja al campo del tirano,
　　　　　　porque quede por tu mano
　　　　　　un gran número difunto.
　　　　　　　Toma la espada.

Ángel
　　　　　　　Ésta es.

En diciendo ésta es le den una espada de fuego.

Voz
　　　　　　Parte.

Ángel
　　　　　　Voy.

En diciendo voy ha de estar por la invención de pozo en el teatro, y esgrimirla, y volverse arriba.

Voz
　　　　　　Bien está, contento estoy.

Ángel
　　　　　　Beso tus divinos pies.

Voz
　　　　　　Quedan en sangre cubiertos;
　　　　　　sus blasfemias y su afrenta

castigo.

Ángel   Ciento y ochenta
                 y cinco mil quedan muertos.

Sale Senacherib huyendo con Rapsaces.

Senacerib   ¡Oh, fuerte Dios de Israel,
                 templa el valiente furor!

Rapsaces   ¿Hay tal estrago, hay rigor
                 tan espantoso y cruel?

Senacerib   ¿Han salido los hebreos?

Rapsaces   Nadie, señor, ha salido;
                 solo de su Dios han sido
                 estos heroicos trofeos.

Senacerib   ¿De su Dios?

Rapsaces   ¿Pues no lo ves?

Senacerib   ¿En mi tierra no hay cautivos?

Rapsaces   Muchos.

Senacerib   No han de quedar vivos
                 de trescientos mil los tres.

Rapsaces   ¿Tantos habían de ser?

Senacerib   Los que fueren.

Rapsaces	¿Qué esperanza te ha de quedar de venganza contra tan alto poder? Mira esa gran cantidad de cuerpos troncos.
Senacerib	Yo creo que en mi tierra el Dios hebreo tendrá menos potestad.
Rapsaces	Pienso que engañado estás; quien esto pudo tan bien hacer en Jerusalén, en Nínive podrá más.

Vase y sale Tobías el viejo vistiendo un pobre.

Tobías (Viejo)	Toma: ponte mi vestido.
Pobre	No es justo que andes desnudo.
Tobías (Viejo)	También Dios vestirte pudo; que yo desnudo he nacido. Si Dios como a ti me hiciera tan pobre en este lugar, también me holgara de hallar un hombre que me cubriera. Vete en paz, hijo; camina; vuelve mañana a comer.
Pobre	Imagen vienes a ser de aquella piedad divina.

Vase: sale Ana.

Ana	¿Qué es esto?
Tobías (Viejo)	¿Ya no lo ves?
Ana	¿Pues cómo el vestido has dado?
Tobías (Viejo)	¿Ha sido mal empleado?
Ana	¿Ya qué te falta que des?
Tobías (Viejo)	A mí mismo, y aun es poco.

Sale Tobías el mozo.

Tobías (Mozo)	No sabes cómo ha venido Senacherib, tan perdido, que está temerario y loco.
Tobías (Viejo)	¿Qué, ya volvió de Judea?
Tobías (Mozo)	Ya de Judea volvió.
Tobías (Viejo)	¿Luego Ezequías venció? Hijo, no sé si lo crea.
Tobías (Mozo)	Pues bien lo puedes creer, porque un ángel le ha vencido.
Tobías (Viejo)	Si de Dios la espada ha sido, no hay en los hombres poder.
Tobías (Mozo)	Ciento ochenta y cinco mil hombres mató un ángel santo.

Tobías (Viejo)	Si con uno puede tanto, ¿qué hará con mil veces mil?
Tobías (Mozo)	Las blasfemias que decía contra Dios la causa fueron.
Tobías (Viejo)	El justo pago le dieron que su lengua merecía.

Sale un criado.

Criado	Ya te habrá dicho Tobías del Rey la temeridad, o el llanto que la ciudad hace en tan infaustos días.
Tobías (Viejo)	¿Llanto?
Criado	¿No ves que vencido vuelve de Jerusalén, y quiere que acá le den la sangre que allá ha perdido?
Tobías (Viejo)	¿Quién se la ha de dar, Rubén?
Criado	Los esclavos que de allá trajo su padre, si ya los hay de Jerusalén.
Tobías (Mozo)	¿Luego mándalos matar?
Criado	Para vengarse del cielo.

Tobías (Viejo)	Triste de él, porque recelo que le vuelva a castigar.
Criado	Todas, las plazas cubiertas están ya de cuerpos troncos, de quien con suspiros roncos salen las almas desiertas.
Tobías (Viejo)	Hijo, yo voy a enterrarlos.
Tobías (Mozo)	Y yo a acompañarte voy.
Ana	Yo a llorarlos, si ya soy de alguna ayuda en llorarlos.
Tobías (Mozo)	La victoria de Ezequías venga en su misma ciudad.
Criado	No se ha visto caridad que iguale a la de Tobías.

Vanse y sale Senacherib con Rapsaces y gente.

Senacerib	Yo me veré vengado cuando vea que me llega la sangre de los Tribus hasta la boca, que de sed se abrasa.
Rapsaces	No mueren pocos, porque no les vale defensa alguna.
Senacerib	Bando se publique por toda Asiria, que los maten todos: no solamente mueran los de Nínive, que yo veré si el Dios de los hebreos

tiene poder aquí como en su tierra.

Salen Adramelech y Sarasar, hijos del Rey, con las espadas desnudas.

Adramelech	Cansado vengo de esta infame guerra.
Sarasar	Aquí está nuestro padre.
Adramelech	¡Padre mío!
Senacerib	Hijos, ¿cuántos hebreos quedan muertos?
Adramelech	Muchos, señor, por calles y desiertos.
Sarasar	Ni los valen los templos, ni los campos.
Senacerib	Así es razón que aquesta gente muera de mis agravios en venganza fiera; coman los cuervos sus difuntos cuerpos en las plazas, y calles, y en los campos, hambrientos buitres y rapaces águilas.
Adramelech	No pienso que sus cuerpos insepultos paguen con esa pena sus insultos.
Senacerib	Adramelech, ¿qué dices?
Adramelech	Que un Tobías, de los viejos esclavos de tu padre, a todos da mortaja y sepultura.
Senacerib	¿Tobías, aquel viejo galileo?
Adramelech	El mismo.

Senacerib	Pues villanos, ¿cómo vive hombre que impide la venganza mía? Parte, Rapsaces, y con esa espada su cuello siega, su familia prende, sus bienes todos, muebles o raíces, entrega a los soldados.
Rapsaces	Voy contento, porque estaba en el mismo pensamiento.
Sarasar	Pésame que le mates.
Senacerib	¿Por qué causa?
Sarasar	Porque estimaba su vejez mi abuelo.
Senacerib	Quisiera, Sarasar, que fueras hijo de ese Tobías como fuiste mío.
Sarasar	¿Qué hicieras?
Senacerib	Con mi gusto un desvarío.
Sarasar	¿Estás airado?
Senacerib	¿No es razón bastante haberme muerto el Dios de los hebreos ciento ochenta y cinco mil soldados en un instante de una oscura noche?
Sarasar	¿Y no fuera mejor, señor, temerle, que no irritarle a más venganzas?
Senacerib	Calla; que no es donde yo reino poderoso.

Sale Rapsaces.

Rapsaces   Diligencia se ha hecho por Tobías,
         pero como es bienquisto de la gente,
         avisáronle muchos de tu intento,
         dejó su casa, dila a tus soldados,
         repartieron sus bienes: no parece;
         mas él y su mujer y un hijo suyo,
         desnudos van, y en la mayor miseria.

Senacerib   Con él voy enojado, y aun contigo.

Rapsaces   Nunca el tirano fue seguro amigo.

Adramelech   ¡Que ha de vivir un bárbaro!

Sarasar   ¿Qué dices,
         Adramelech?

Adramelech   Que es nuestro padre un bárbaro,
         y que me incita Dios secretamente
         a que le mate y la corona quite.

Sarasar   ¿Cómo es posible que Nefrach te incite?

Adramelech   Si quieres, Sarasar, parte en el Reino,
         ayúdame a quitar la vida a un hombre
         odioso al cielo, a Nínive y a Siria,
         y desde Palestina a Celesiria.

Sarasar   Si tú cumplieses lo que dices, digo
         que yo pondré la espada en él primero;
         que de alguna deidad secreta siento

dentro del pecho impulsos velocísimos.

Adramelech   Permita el Dios Nefrach que tú me quites
               la vida que a mi padre quitar quiero,
               si no te diere la mitad de todo.

Sarasar   ¿Dónde estará?

Adramelech   Sacrificando creo.

Ana   Pues vamos.

Adramelech   Hoy se cumple mi deseo.

Vanse y salen Tobías, Ana y su hijo.

Tobías (Viejo)   En esta cueva podremos
               estar seguros, señora.

Ana   ¿Que esto por tu culpa agora
               yo y tu hijo padecemos?
                   ¿No fuera mejor, Tobías,
               que no enojaras al Rey?

Tobías (Viejo)   ¡Qué bien guardara la ley
               de Dios con entrañas frías!
                   Ana, aquel caritativo
               fuego en el alma encubierto,
               sale sepultando al muerto
               y favoreciendo al vivo.
                   Por Dios es poco perder
               la hacienda sola.

Ana   Es verdad;

mas la propia caridad
su lugar ha de tener.
   Yo soy tu mujer: Tobías
tu hijo, ¿por qué nos dejas
desnudos con tantas quejas
y entre aquestas peñas frías?

Tobías (Viejo)   Ana, ten por buen consuelo,
pues que la vida se escapa,
que a los que no tienen capa
les presta la suya el cielo.
   Hijo, estad vos consolado,
que Dios os ha de cubrir.

Tobías (Mozo)   Padre mío, hasta morir
no he de dejar vuestro lado;
yo sé que en todo acertáis,
y yo sé que errara en todo
si no siguiera aquel modo
que vos, señior, me enseñáis.
   Corta obediencia es la mía
si con Isaac la comparo;
que de aquel varón preclaro
tomar ejemplo podría.
   Sobre el ara le contemplo
y a su padre con la espada,
a la ejecución alzada,
de fe y obediencia ejemplo.
   Si quitarme vos queréis
la vida, eso mismo quiero,
sin que yo espere cordero
y vos ángel esperéis.

Tobías (Viejo)   Bendígate el Dios divino

| | de Isaac, Jacob y Abraham. |

Sale Rubén.

Rubén	Aquí sospecho que están.
Tobías (Mozo)	Padre y señor, Rubén vino.
Tobías (Viejo)	¿Qué hay, Rubén?
Rubén	Bien te pude

pedir albricias, señor;
vuelve y despide el temor:
toda Nínive te espera.

| Tobías (Viejo) | ¿A mí, Rubén? ¿de qué modo? |
| Rubén | Adramelech, Sarasar, |

hijos del Rey, que en lugar
del Rey lo mandaban todo,
   no contentos de su estado,
o por voluntad de Dios,
que hizo instrumento a los dos
del castigo que le ha dado,
   estando sacrificando
a Nefrach su Dios cruel
contra el cautivo Israel,
y su gran Dios blasfemando,
   le dieron mil estocadas
con que su vida acabó.

| Tobías (Viejo) | Hijos, Dios lo permitió. |
| Tobías (Mozo) | Blasfemias bien castigadas: |

pensó que era nuestro los
de piedra o de troncos viles
como los dioses gentiles.

Tobías (Viejo)   Id adelante los dos,
                       porque nos vais advirtiendo.
                   ¿Ves, Ana, que Dios me ayuda?

Ana   Nunca de Dios tuve duda:
                   tu condición reprehendo.

Vanse, y salen Jorán y Bato, villanos.

Jorán   ¿Echaste, por dicha, menos
                   alguna res de contar?

Bato   Yo tengo bien qué llorar;
                   que no son duelos ajenos.

Jorán   Mira que parece mal
                   que llore un hombre de bien.

Bato   Mentís, Jorán, que también
                   es la condición mortal.
                     Si nace un rey es llorando
                   como el más pobre pastor,
                   porque confiesa el dolor
                   de la muerte en que va entrando.
                     ¿Qué pensáis vos que es llover?
                   Llorar los cielos, Jorán:
                   pues si ellos llorando están,
                   un hombre, ¿qué puede hacer?
                     ¿La mirra no es árbol grave,
                   el incienso y los aloes?

Jorán	No hay otros que tanto loes.
Bato	Pues lloran llanto suave; las viñas suelen llorar, con ser su zumo alegría: pues con la tristeza mía déjame tú rezumar.
Jorán	Por una cosa no más dan licencia a un hombre honrado.
Bato	¿Y es?
Jorán	Estando enamorado.
Bato	De medio a medio me das.
Jorán	¿Luego tú tienes amor?
Bato	Que me derriengo de triste.
Jorán	¿Tú sentimiento tuviste de amor, tan rudo pastor?
Bato	Nunca yo en el campo viera retozar unos borricos.
Jorán	¡Qué tórtolas con sus picos para cine envidia tuviera!
Bato	Allá en nuesos pegujales, donde el ganado se cría, nos cantan a mediodía

estas tórtolas asnales.

Jorán   ¡Qué gentiles ruiseñores
             estaban haciendo nido!

Bato   ¿Cuándo los burros no han sido
             un dulce ejemplo de amores?

Jorán   ¿Los burros?

Bato   Los burros, pues;
             ¿hay cosa como llegar
             un borrico a retozar
             su burra en el verde mes,
                 cuando los campos se visten,
             como dicen los poetas,
             de alcacer y de violetas,
             que hasta la vista resisten
                 de la cara de la tierra?
             ¿Hay cosa como llegar
             a morder, y a regalar
             con una amorosa guerra
                 los pescuezos y las crines?
             Pues dígote por verdad,
             que es mayor honestidad
             que en pardos y colorines.

Jorán   ¿Honestidad es rascar
             los oídos los borricos,
             más cine aquellos dulces picos
             que amores suelen cantar?

Bato   Sí, y es bien que solemnicen
             la honestidad que han tenido,

porque entonces al oído
su secreto amor les dicen.
　No como el toro que muge
y hace buf a la ternera,
ni con la leona fiera
el fiero león que ruge.
　No como celosos gatos
cuando hay tejado y sarao,
despiertan con marramao
a sus dueños como ingratos:
　sino que hablando de oído
como gente palaciega,
la enamora, ablanda y ruega
secreto y enternecido:
　y cuando mucho si entona
la voz como en facistol,
canta un do, re, mi, fa, Sol,
en que sus dichas pregona.
　Éstos vi, y a ejemplo suyo,
Jorán, yo me enamoré;
pero ni rasqué, ni hablé.

Jorán　　　　　¿Tan secreto amor fue el tuyo?

Bato　　　　　　No sé si diga de quién.

Jorán　　　　　¿Es de Bertola o Ginesa?

Bato　　　　　No, Jorán.

Jorán　　　　　　Mas ¿qué es Teresa?

Bato　　　　　No das en el blanco bien.

Jorán	¿Es Tamar?
Bato	No.
Jorán	Pues en casa solo queda mi señora.
Bato	Ésa, Jorán, me enamora, ésa me enciende y me abrasa.
Jorán	¿Sara, mi señora?
Bato	Sí.
Jorán	¿La que se está desposando?
Bato	La misma estoy deseando.
Jorán	¡Noramala para ti!
Bato	Si para mí noramala, ¿qué será para Fisón, que ya en aquesta ocasión goza su donaire y gala?
Jorán	Pues bestia ¿con la mujer más bella que Dios ha hecho te quieres casar?
Bato	Sospecho que soy hombre, y puede ser.
Jorán	No se entienda tu locura; voy a tomar colación.

Bato	Hurtóme la bendición
	y ganóme la ventura.
	Desesperado me veo:
	quiérole echar maldiciones.

Salen Sara, de novia, Fisón de esposo, Ragel y música, y mucha grita y detrás el Demonio.

| Música | Para en uno son los dos, |
| | si quiere Dios, si quiere Dios. |

Ragel	Pienso que son para en uno
	tan gallardos desposados,
	pues de tantos convidados
	no lo ha impedido ninguno.
	Diga lo contrario alguno
	o juntaránse los dos,
	si quiere Dios.

Música	Si quiere Dios,
	para en uno son los dos,
	si quiere Dios.

Fisón.	Yo pienso que soy su esposo
	a contento de Ragés,
	y que mi ventura es
	digna de su rostro hermoso.
	Y así, de nadie envidioso,
	lo seré de más de dos,
	si quiere Dios.

Música	Si quiere Dios,
	para en uno son los dos,
	si quiere Dios.

Sara	El gusto del padre mío a ser tuya me ha obligado, porque tengo resignado en el suyo mi albedrío. Amarte, esposo, confío, y uno seremos los dos, si quiere Dios.
Música	Si quiere Dios, para en uno son los dos, si quiere Dios.
Demonio	¡Qué mal os podréis juntar si trae este necio esposo lascivo amor enojoso a quien le ha de castigar! La boda vengo a estorbar y a dividir a los dos, si quiere Dios.
Música	Si quiere Dios, para en uno son los dos, si quiere Dios.

Vanse con grande grita, y quédanse el Demonio y Bato.

Bato	¡Que vea yo con mis ojos que éstos se casen! ¡Ah cielos! Comiéndome estoy de celos que son del amor piojos. Agora van maldiciones: plegue a Dios, Sara enemiga, que se te vuelvan de ortiga

las sábanas y colchones.
    Plegue a Dios que al acostar
tropieces en un caldero,
y que un gato majadero
no te deje reposar.
    Plegue a Dios que estén templando
un clavicordio hasta el día,
y un vecino chirimía
se esté a solas enseñando.
    Plegue a Dios...

Demonio   ¡Tanto plegar!

Bato   Que un ratonazo travieso,
sospechando que eres queso,
te coma el dedo pulgar.
    Plegue a Dios que alguna chinche
tu dulce sueño quebrante,
que un asno su solfa cante,
y que un rocín te relinche.
    Plegue a Dios se encienda fuego
y te queme, como a mí,
y nadie se junte a ti
hasta que te vea un ciego.
Perdona, aunque eres mi dueño:
doyte lo que amor me dio,
y cuando no duermo yo,
a todos dé Dios mal si sueño.

Vase.

Demonio   Más pesadas maldiciones
les esperan a los dos.

Habla la voz por el velo de plata.

Voz   ¡Asmodeo!

Demonio   Inmenso Dios,
tu luz a mi noche opones.

Voz   Licencia te doy que mates
de Sara el lascivo esposo.

Demonio   ¡Oh, precepto venturoso,
de esto me huelgo que trates!
   A toda carne mortal
aborrezco con rigor,
y así me alegro, Señor,
que me mandes hacer mal.
   Entro a quitarle la vida
antes que se llegue a Sara;
que aun de aquella hermosa cara
tengo envidia conocida.
   Querría que los deleites
del hombre aun fuesen tan malos:
que estos mortales regalos
fuesen fealdades y afeites.
   Sara no se diferencia
de un ángel de mi Señor,
cuando con tal resplandor
fui lucero en tu presencia.
   Allá voy; mano, apretad
el cuello al lascivo esposo;
que le es a Dios enojoso
no ver limpieza y verdad.
   Han de tratar los casados
limpiamente el matrimonio

como han dado testimonio,
todos los Padres pasados.
    Porque si ha de descender
Dios a la tierra, es razón
que su línea de varón
casta y limpia haya de ser.
    No tengo alegría igual
como cuando Dios permite
que a alguno la vida quite;
tanto me deleita el mal.

Vase, y sale Tobías el viejo.

Tobías (Viejo)   Cansado de enterrar vengo
cuerpos de pobres difuntos,
pero satisfecho no,
y a mis pocas fuerzas culpo.
Recibe, Señor, mi intento;
que quisiera poder mucho;
mísera nada es el hombre:
tú eres Dios eterno y sumo.
De polvo, Señor, me hiciste:
en cubrir de polvo cumplo
con mi propio natural,
aunque servirte procuro.
Quiérome aquí recostar;
que el cuidado con que lucho
no es poco me obligue a sueño;
con esto la cama excuso.
Dadme, pared, vuestro arrimo,
y estad vos un poco mudo,
pajarillo, mientras duermo,
pues nido en mi casa os cupo;
a vuestros golondrinillos

decid que el chillido suyo
templen en tanto que aquí
descansa un viejo caduco.
O dadles vos de comer
sobre esas pajas y juncos,
y pues a niño me vuelvo,
serviránme sus arrullos.

Salen Ana y Rubén.

Rubén   Ésta es ya su condición:
                 no ha de haber cuerpo insepulto
                 a quien no cubra de tierra.

Ana   Que estoy cansada te juro.

Rubén   ¿Dónde está, señora, el mozo?

Ana   En lo que su padre estuvo.

Rubén   Acto piadoso es el dar
                 sepultura a los difuntos.

Ana   Es verdad; pero poner
                 la vida a peligro, culpo.

Rubén   Obligar a buen señor
                 siempre honroso premio tuvo.
                 ¡Oh! Hele allí donde duerme:
                 ¡Señor!

Ana   ¡Tobías!

Tobías (Viejo)   Escucho

tu voz, mas no puedo abrir
los ojos.

Ana   Toda me turbo;
¿qué tienes?

Tobías (Viejo)   Las golondrinas
que albergan los troncos duros
de esos techos, me han cubierto
los ojos.

Rubén   Lo que es presumo:
que aquel estiércol caliente
cegarle los ojos pudo.

Ana   ¡Ay, miserable de mí!

Sale Tobías el Mozo.

Tobías (Viejo)   Avecitas, yo os disculpo;
porque si Dios no quisiera,
su siervo estaba seguro;
yo le doy gracias.

Tobías (Mozo)   ¿Qué es esto?

Ana   ¡Hijo, no sé cómo sufro
tantas desgracias!

Tobías (Mozo)   Mi padre,
¿quién de esta manera os puso?

Tobías (Viejo)   La voluntad del Señor
y esos pajarillos rudos

que no advierten en el daño;
a mis culpas lo atribuyo:
está Dios de mí ofendido.

Ana   Ése es muy lindo discurso;
tened agora paciencia
y decidnos que no supo
el ave el dañío que hizo;
haceos santo, pintaos justo;
¿a dónde está la esperanza
por quien a tantos desnudos
vestistes, y de comer
distes a tantos ayunos,
por quién sepultastes muertos?

Rubén   Señor, con razón acuso
vuestras piedades, si el cielo
las paga a ciento por uno;
que bien ciego acabaréis
de tan larga vida el curso;
pobre de daros a pobres
sin guardar asilo alguno:
mejor fuera...

Tobías (Viejo)   No queráis
seguir el bárbaro impulso
de la ira, ni palabras
habléis que me den disgusto;
hijos de santos nacimos:
la vida esperamos juntos
que Dios prometida tiene
y que en su nombre le anuncio
a quien su fe no dejare.

Ana	¡Qué bien la vida entretuvo
	en hacer a todos bien!
	¡Qué bien su hacienda dispuso
	para la vejez cansada
	y para este amargo punto!
Tobías (Mozo)	¡Madre, no le deis dolor;
	en buenos pasos anduvo
	desde sus más tiernos años!
Ana	¿Tú le disculpas?
Tobías (Mozo)	Disculpo
	sus obras, de virtud llenas.
	Dios, cuyo inmenso y profundo
	entendimiento no puede
	entender otro ninguno,
	sabe la causa y razón.
Tobías (Viejo)	El Dios que su pueblo trujo
	a tierra de promisión
	con mil victorias y triunfos,
	y cubrió los altos carros
	del rey Faraón perjuro,
	sus caballos y sus armas
	con la arena del mar Rubio,
	te dé su gran bendición;
	dame estos hombros, que gusto
	de que mi báculo seas
	hasta llegar al sepulcro.
Tobías (Mozo)	¡Dios os guarde, padre mío!
Tobías (Viejo)	De esto, aunque ciego, te alumbro;

que la paciencia en los males
es el mayor bien del mundo.

Fin de la primera jornada

Jornada segunda

Salen Bato y Tamar.

Bato
    Ando, Tamar, asombrado
y como fuera de mí:
siete veces se ha casado
después que al monte me fui
a apacentar mi ganado.

Tamar
    Siete son, Bato, con esta
las que se ha casado Sara;
pero apenas manifiesta
el alba su lumbre clara,
cuando es entierro la fiesta;
    que antes del amanecer
ya estamos todos llorando.

Bato
¡Siete veces! Puede ser,
Tamar, que te estés burlando;
¿es de bronce esta mujer?

Tamar
    Siete con este marido,
que los seis ya se los cubre
la tierra.

Bato
    Valiente ha sido,
pues en tan extraña guerra
siete veces ha vencido:
    ¡Oh! ¡Si nos diera unas señas,
si no dices testimonios
para que de ciertas dueñas
cesaran los matrimonios
que diz que duran por peñas!

Es hermosa: habrá vencido
con hermosura la vida
del más robusto marido.
¡Oh terrible esposicida,
pues que de tantos lo ha sido!
    ¡Voto al Sol! que fui dichoso
en no poder merecer
ser de mi señora esposo;
que con tan fuerte mujer,
¿quién puede ser poderoso?
    Ya estuviera el pobre Bato
hecho, sin carne y sin liato,
calavera de rocín.

Tamar   Ya espera Ragel el fin
de aqueste a su vida ingrato,
    que anoche se desposó
habiéndose muerto seis.

Bato   ¿Cómo este hombre se atrevió?

Tamar   Porque, en fin, hombres nacéis
y porque amor le obligó;
    es tan grande la belleza
de Sara, que aunque ven muertos
tantos con tanta fiereza,
y están de su muerte ciertos,
y él se la da con tristeza,
    se oponen mil cada día.

Bato   ¡Oh, gran fuerza de hermosura!
De mí jurarte osaría,
que amándola con locura
quiero más la vida mía!

Si fuera cuatro docenas
de palos, yo los tomara
con cuatro mil norabuenas
por la belleza de Sara,
de que están las almas llenas.
Pero morir por conciertos
son casos muy desastrados
si no son ejemplos ciertos,
por decir que los casados
todos amanecen muertos.

Tamar   Antes no hay más dulce vida
que la de un casado.

Bato   Siento
que es acertando escogida,
mas errando el casamiento,
muerte cierta y conocida.

Tamar   Tú no debes de saber
el secreto de estas muertes.

Bato   ¿Qué secreto puede haber?

Tamar   ¿Luego de todas no adviertes
que es la causa esta mujer?
Porque un espíritu fiero
de noche se los ahoga
como de este novio espero,
si no es que el cielo deroga
esta ley con el postrero.
Que este número de siete
más felicidad promete:
Dios cielo y tierra crió

en siete días, y dio
quien mar y tierra sujete,
  y descansó en ese día:
y así puede ser que ahora
descanse quien esto guía.

Bato   ¿Espíritu?

Tamar   Mi señora
lo dice.

Bato   Pues, Tamar mía,
dame presto mi recado
de harina, de aceite y sebo.

Tamar   Parece que te has turbado.

Bato   Dame presto lo que llevo
por todo el añío al ganado,
  que no he de volver acá.
Espíritu, ¿y dónde está
ese que ahoga maridos?

Tamar   Por lascivos y atrevidos,
Bato, la muerte les da.
     Mas tú ¿qué tienes que ver?

Bato   Si yo he deseado ser
marido también de Sara,
¿no puede matarme?

Tamar   Para:
di que yo soy tu mujer.

Bato	Más peligro.
Tamar	¿Cómo?

Bato	Advierte
	que si ese Espíritu fuerte
	a esos novios muerte da,
	algún criado tendrá
	para que nos dé la muerte,
	  o viniendo de ganar
	siete muertes de barato,
	si se debe, del pesar
	dará la muerte de Bato
	por marido de Tamar:
	  no me casare en mi vida:
	Espíritu, estoy temblando.

Tamar	Luego que el alba vestida de oro y luz se va mostrando, se vee la cama homicida.
Bato	Déjame, por Dios, Tamar; que estoy temblando de miedo.

Salen Ragel y Criado.

Ragel	Aún no me atrevo a llegar.
Criado	Ni yo parece que puedo tantas desdichas mirar.
Ragel	Corred aquesa cortina.

Véase en una cama el desposado y el Demonio que le ahoga, y Sara de rodillas, vestida.

¿Qué es esto?

Demonio   Ya te obedezco,
alta majestad divina.

Ragel   ¿Posible es que ver merezco
mi casa en tanta ruina?

Demonio   Tú, que en trono de marfil
y electro, asiento tomaste,
manda a este espíritu vil;
que como siete mandaste
mataré setenta mil.
     Manda a quien tienes cautivo,
que con fuerza poderosa
no deje ni un hombre vivo:
porque hacer mal es la cosa
de que más gusto recibo.

Quítase el Demonio.

Ragel   Sara, ¿qué es esto?

Sara   Señor,
Men sabe Dios mi inocencia.

Bato   Temblando estoy de temor.

Ragel   El cielo nos dé paciencia,
y en tantas penas valor:
     cerrad, e iremos a dar
a mi yerno sepultura.

Sara	Ya no sé cómo llorar,
	padre, tanta desventura,
	aunque me convierta en mar;
	Dios, cuya bondad inmensa
	los pensamientos conoce,
	si alguno engañado piensa
	que no quieres que me goce
	por ocasión de mi ofensa,
	tú sabes bien la pureza
	de mi pensamiento casto.
Ragel	Muriendo voy de tristeza;
	que para mirar no basto
	tal tragedia en tu belleza.
Bato	Detente un poco, Tamar:
	no me dejes solo aquí.
Ragel	Éstos te pueden guardar
	mientras yo, Jorán y Elí,
	vamos la tierra a cavar.
Sara	¡Que le dé tantos enojos
	esta mi vana hermosura!
Ragel	Demos tierra a sus despojos,
	que no la hallaréis muy dura
	regándola con mis ojos.
Bato	Tamar, vuelve acá: detente.
Tamar	Vela el difunto entretanto,
	Bato, que vuelve esta gente:

¿qué tienes?

Bato   Tiemblo de espanto.

Tamar   ¡Qué enamorado valiente!

Bato   Mándame tú que revuelva,
la onda, y con un guijarro
a un lobo en su sangre envuelva,
o que al león más bizarro
tire un venablo en la selva;
mándame que tenga un toro
del cuerno hasta que el arena
bese en tu honor y decoro;
mándame que a una colmena
castre los panales de oro,
y no me mandes que vele
un difunto, y mas que ha muerto
en desgracia de Dios.

Tamar   ¿Suele
levantarse alguno?

Bato   Advierto
que ya este difunto huele,
y que conviene sacalle
del aposento a la calle,
por que no dé pestilencia.

Tamar   Si no ha muerto de dolencia,
sino de solo ahogalle,
no puede ser ni percibo
olor ninguno por cierto.

Bato	Yo notable le recibo,
	o es que el mal olor del muerto
	se va pasando a algún vivo;
	huéleme a ver.

Tamar	Miedo tienes:
	voyme por no te sufrir.

Bato	Tamar, si luego no vienes,
	para dos te sé decir
	que sepultura previenes.
	El Diablo me trujo acá:
	heme aquí solo, y el muerto,
	puesto que cubierto está;
	mas ¿qué importa estar cubierto?
	Si él quiere salir, podrá.
	No sé qué tengo de hacer:
	sospecho que se levanta:
	ya se comienza a mover:
	o es la sombra que me espanta;
	sí, sombra debe de ser.
	Señor muerto, por amor,
	también soy enamorado:
	no se levante, señor,
	que en verdad que me ha pesado
	su desgracia. ¡Qué temor!
	Hablan, sí: sin duda es él.

Dicen dentro:

Sepultémosle con él.

Bato	Mas que lo dicen por mí:
	novio en pensamiento fui:

por Dios que es cosa cruel.

Dentro:

   Vayan por él luego al punto.

Bato   Que vengan por mí les manda.

Dentro:

   Todo el vestido está junto.

Bato   Ya tras mis vestidos anda,
   ¡que codicioso difunto!

Dentro:

    Bien grande es la sepultura:
   dos cabrán, cuanto más uno.

Bato   Dos dicen: mi desventura
   me trajo a ser importuno;
   en tan mala coyuntura
    nunca yo me enamorara;
   señor muerto, yo no soy
   de los casados con Sara.

Dentro:

   Ya voy por él.

Bato   ¿Qué es «ya» voy?
   Por mí vienen, cosa es clara.

Dentro.

                    Véngame a ayudar alguno.

Bato   Como han de llevar a dos,
                    ayuda pide importuno:
                    pues no me han de hallar. por Dios,
                    ni llevar dos, sino el uno.
                        A la cocina me voy
                    y tras mí cierro la puerta:
                    ya huelo a muerto o lo estoy.

Dentro.

                    Dadme el azadón y espuerta.

Bato   Espuerta; yo el vivo soy.

Vase, y salen Tobías ciego y su hijo.

Tobías (Viejo)   El principio del saber
                    es, hijo, el temor de Dios:
                    éste aprendamos los dos;
                    que no hay tan alto aprender.
                    Teme a Dios, hijo, y sabrás
                    la mayor sabiduría:
                    ama y teme, y cada día
                    sabrás de su ciencia más.

Tobías (Mozo)   Padre, con tales consejos
                    el que no se aprovechase,
                    ¿quién hay que le disculpase?

Tobías (Viejo)   No hay libro como los viejos.

Y aunque soy libro cerrado,
porque en efecto soy ciego,
que me leas bien te ruego,
pues que Dios vista te ha dado.
   Que estoy por cosas extrañas,
ya en los caducos despojos,
cerrado de hojas de ojos,
y abierto de alma y entrañas.
   Que si aquestas hojas son
de arrugado pergamino,
que te han de ser imagino
de divina erudición.

Tobías (Mozo)   Señor, mi madre ha venido
de su labor.

Tobías (Viejo)   ¡Gran valor!
Susténtanos su labor;
mas ¿que es eso que ha traído?
   Que pienso que oí balar
un cabrito.

Tobías (Mozo)   Verdad fue.

Ana   Hoy con aqueste podré
mi familia sustentar.

Tobías (Viejo)   Ana, ¿qué es eso?

Ana   Un cabrito
que por mi labor me han dado.

Tobías (Viejo)   Ana, mirad no sea hurtado:
ya veis el precepto escrito,

no nos conviene comer
ni aun tocar a cosa hurtada:
al dueño, mujer amada,
luego le podéis volver.

Ana   ¿Hay malicia semejante,
                       disfrazada en santidad?

Tobías (Mozo)   Madre, madre, perdonad:
                       no prosigáis adelante.

Ana   ¡Oh, qué bien has merecido
                       el vano premio que alcanza
                       el fruto de tu esperanza,
                       por dar limosnas perdido!
                       ¡Ea, enterrador de muertos,
                       desenterrador de vivos,
                       con tan inciertos recibos,
                       después de gastos tan ciertos!
                       Murmura fundando en bien
                       la condición de hablar mal.

Híncase de rodillas Tobías Viejo.

Tobías (Viejo)   Padre Eterno celestial,
                       cuyos altos ojos ven
                       la tierra, el aire, la mar
                       y hasta el pensamiento humano,
                       oye mi oración.

Ana   ¡Qué en vano
                       llora!

Tobías (Mozo)   No es vano el llorar.

Ana	Agora gime.
Tobías (Mozo)	Señora,
	ese llanto miserable,
	que a su barba venerable
	de sus ojos baja agora,
	no ha sido sino ocasión,
	ni dará esperanzas vanas
	la hierba de tales canas
	regada con tal sazón.
Tobías (Viejo)	Justo eres, Señor divino,
	y tu juicio y bondad,
	misericordia y verdad
	y juicio es tu camino.
	En tan míseros estados.
	de mí te acuerda, Señor,
	y no tome tu rigor
	venganza de mis pecados.
	Señor, no te acuerdes dellos
	ni de los vanos errores
	de nuestros antecesores,
	si nos castigas por ellos.
	Tus preceptos quebrantamos:
	por eso en castigo fuerte
	nos das perdición y muerte
	y el cautiverio en que estamos.
	Por eso quieres que demos
	risa, fábula y baldones
	a las extrañas naciones
	donde esparcidos nos vemos.
	Agora son tus secretos
	grandes porque no anduvimos

sinceramente, ni fuimos
humildes a tus preceptos.
Finalmente, gran Señor,
haga en mí tu Majestad
conforme a su voluntad,
pero merezca un favor:
que en paz mandes recibir
mi espíritu, porque ya
conveniente me será
más que el vivir el morir.

Tobías (Mozo)   A lágrimas me ha movido:
su muerte le pide a Dios;
llevémosle entre los dos,
que está en extremo afligido,
donde descanse y sosiegue.

Ana   Pésame de haber hablado:
no esté Dios conmigo airado,
aunque él su muerte le ruegue.

Tobías (Mozo)   Vamos, padre de mi vida,
enjugad el tierno llanto;
que en darme veneno tanto
vendréis a ser mi homicida;
que sabed que me desalma
¡oh lengua, qué presto pecas!
Ver sobre hierbas tan secas
perlas del alba del alma.
No entendí yo en la distancia
de cosas tan diferentes,
que unas tan cerradas fuentes
dieran agua en abundancia.
Pero ya estoy satisfecho

viendo que lloráis, señor;
que la llave del dolor
abre el aljibe del pecho.

Ciego estáis; mas he notado,
aunque por mi desconsuelo,
que cuando más llueve, el cielo
es cuando está más cerrado.

Mostrad el claro arrebol
con que mi ingenio alumbráis:
no lloréis más si lloráis,
pues habéis de ser mi Sol.

De escribir me dais lición:
mal con lágrimas se pinta
la letra, porque es la tinta
más blanca del corazón.

Perlas lloráis por desprecio;
pero como ciego estáis,
no viendo lo que lloráis,
no podéis saber su precio.

Que esos pedazos de hielo
son perlas tan soberanas,
que las detienen las canas
porque no caigan al suelo.

Mas venid, padre, conmigo,
porque un rato descanséis
si en mí descanso tenéis
como en verdadero amigo.

Tobías (Viejo)   Hijo, siempre te enseñé
a traer muertos en los brazos;
tierra soy: tú los pedazos
que de mi tierra formé.

Dame sepultura en ti,
entretanto que estoy vivo.

Tobías (Mozo)	En mi virtud te recibo para que vivas por mí.

Vanse, y salen Tamar, Bato y Sara.

Sara	Siempre has de estar, ignorante, con las criadas.
Bato	No soy mal criado, pues estoy con ellas tan adelante.
Sara	¿Y tú, sin vergüenza alguna, consientes esto a un pastor?
Tamar	No me culpes de su error y condición importuna; que es un villano cansado, muy amigo de cocina.

Bato	¿Y en qué ley se determina
	que eso se tenga a pecado?
	  ¿Hay por dicha mandamiento,
	si dos mil vueltas le das,
	de «En cocina no estarás
	cuando hay lumbre y sopla el viento?»,
	  Ni se puede bien culpar
	a un hombre.

Sara	Pues, ¿quién te inquieta?
Bato	Un poyo con su carpeta que está llamando a sentar.

Sara	Adonde están las mujeres
	no han de entrar hombres, villano,
	ni en invierno ni en verano.
Bato	¿Y tú la discreta eres?
	Pues dime: ¿estarán mejor
	donde las bestias están?
Sara	No, sino al campo se irán
	a entender en su labor.
	La mujer amase, cueza,
	guise, labre; el hombre a arar,
	podar, cavar y cortar
	leña.
Bato	Quebrar la cabeza.
	¿Dios no dio por compañera
	de sus trabajos a Adán,
	a Eva? no solo el pan.
	Que el sudor de entrambos era.
	Aquí la cojo.
Sara	Es verdad:
	pues trabajen los dos juntos
	y no hay por qué andar en puntos.
	Partiéndole la mitad
	del sudor, cabrá en la casa
	la mujer, y allá tome
	el campo el hombre.
Bato	Cogióme.
Sara	La mujer cuece y amasa

en casa; por eso el hombre
siega y siembra.

Bato   No te espante
que un labrador ignorante,
pues le disculpa este nombre,
tal vez entre a calentarse.

Sara   Si la estopa viene al fuego,
¿qué puede haber?

Bato   Arder luego,
eso no puede negarse.

Sara   Pues id allá noramala
donde los bueyes están.

Bato   Denme pan.

Sara   Daránle pan:
vaya a esperarlo a la sala.

Bato   Denme queso.

Sara   ¿Regalitos?

Bato   A la cocina me voy.

Sara   Por hacerle dar estoy...

Bato   Torreznos con huevos fritos.

Sara   No, sino crudos y palos.

Bato	Denme vino.
Sara	Allá a Teresa.
Bato	Denme sebo y una artesa,
	que artesas no son regalos,
	o vuélvome a la cocina.
Sara	Eso le darán después.
Bato	Y denme para este mes
	costal y medio de harina.
Sara	¡Mas que me voy enojando,
	y que ha de llover sobre él!
Bato	¿Mas qué?
Sara	¡Ah señor, ah Ragel!
Bato	¿No ve que me estoy burlando?
	Vuelva, mire que me voy:
	cuente los pasos, sí, a fe:
	uno, dos, tres. ¿Volveré?
Sara	No.
Bato	Pues en el poyo estoy.

Vase.

Sara	Por ti, Tamar, por tu culpa
	me han de perder el respeto,
	por ti; pues yo te prometo...

Tamar	¿Por mí?
Sara	Pues ¿tienes disculpa?
Tamar	¿Ellos no se entran allá?

Sara

Si tú ocasión no le dieras,
le incitaras, le dijeras:
entra, que no hay nadie acá,
  no se atreviera un villano
tan rústico, que en mil días
no ve esta casa.

Tamar

  Aún porfías.

Sara

Es darme disculpa en vano,
  desvergonzada, atrevida,
loca, sin honestidad,
sin recato, sin verdad.

Tamar

Tú eres santa y recogida;
  a la fe que no veamos
hijo ni hija de ti
sobre la tierra.

Sara

  ¡Ay de mí!

Tamar

Ni fruto que bendigamos.
  ¡Matadora de maridos,
que no sé cómo la fama
de la espada de tu cama,
no les abre los sentidos!
  ¿Querrásme matar a mí

como a los siete mataste?
Pues a fe que te engañaste,
que me he de guardar de ti.

Vase.

Sara   ¡Esto escucho a una mujer
que me sirve! ¡muerta soy!
¡Dios mío, quejas os doy!
Vos solo podéis saber
  si soy en esto culpada
de las afrentas que veo,
y si yo, por mi deseo,
fui tantas veces casada.
  Señor, yo no he deseado
mis casamientos, que ordena
vuestro gusto para pena
de algún notable pecado,
  o porque Vos me guardáis
para lo que Vos sabéis;
que algún secreto tenéis
en lo que conmigo obráis.
  Irme quiero a mi aposento,
a donde las ansias mías
os muevan, porque en tres días
no pienso probar sustento.
  Con lágrimas y suspiros,
siempre estaré en oración,
porque bien sé yo que son
para vuestro pecho tiros.
  Y pues que no hay mejor medio,
creedme que con llorar
os tengo de importunar
hasta que me deis remedio.

Vase, y sale en lo alto el ángel Rafael, puesto en la invención, y dice la voz desde dentro:

Voz   Oye, Rafael.

Rafael   Señor.

Voz   Dos oraciones oí
de dos personas que aquí
me están pidiendo favor.
   En Nínive está Tobías,
y Sara vive en Ragés:
favor quiero que les des.

Rafael   Ya parto donde me envías.

Voz   Pues baja con forma humana;
que allí sabrás lo que quiero.

Rafael   Ya tu inspiración espero
y voluntad soberana.

Baja con música y dice abajo:

Rafael   ¡Oh, cuánto debe a la bondad divina
el hombre, pues le pone en tal cuidado,
pues aun airado del primer pecado,
el grave oído a su oración inclina!
   Mientras venir al mundo determina
su santo Verbo, a quien está postrado
el Serafín en gracia confirmado,
que en el crisol de Dios el oro afina,
   regala el pueblo de quien carne espera

tomar por bien del hombre el dulce día
que baje a donde por librarle muera.
   ¿Qué más clara piedad, pues hoy me envía
para que al hombre, cuando errar pudiera,
le sirva un ángel de defensa y guía?

Vase.
Salen Tobías el viejo y el mozo, y Ana, su mujer.

Tobías (Viejo)   Hijo, en aquesta ocasión
quiero que me estés atento,
por ser la que más te importa.

Tobías (Mozo)   Mi padre, ya os obedezco.

Tobías (Viejo)   Oye, hijo, mis palabras,
y ponlas por fundamento
de tu corazón.

Tobías (Mozo)   ¡Ay, padre!
Santos son vuestros consejos.

Tobías (Viejo)   Cuando Dios me lleve a sí,
darás sepulcro a mi cuerpo:
tendrás en honra a tu madre,
acordándote que fueron
de tu carne sus entrañas
nueve meses aposento.
Y cuando ya de su vida
cumpliere el preciso tiempo,
sepúltala junto a mí,
allá honor y aquí consuelo.,
siempre a Dios mientras vivieres
tendrás en tu entendimiento,

y guárdate de pecar,
ni quebrarle algún precepto.
De tu hacienda harás limosna,
a ningún pobre volviendo
el rostro, y harás ansí
que no te le vuelva el cielo:
como tuvieres darás
lo poco o mucho partiendo,
si mucho, mucho; si poco,
poco, y con rostro risueño.
Para tu necesidad
tesaurizas alto premio;
limosnas cubren pecados
y libran del fuego eterno.
En tu sentido, o tu boca,
jamás haya pensamiento
de soberbia; que es principio
de perdición ser soberbio.
Agradece el bien al punto:
no te quedes con el sueldo
del hombre que te sirviese,
ni amistad de amigo o deudo;
ni fuera de tu mujer
ocupes lugar ajeno;
viste al que vieres desnudo,
da de tu pan al hambriento,
y no quieras para nadie
lo que para ti no es bueno.
Ofrece tus oraciones,
y vino y pan por los muertos,
y no comas con los malos:
toma del sabio consejo.
Darás a Dios, hijo mío.
alabanza en todo tiempo;

pide que tus pasos guíe:
no salgan dél tus deseos.
Quiero que sepas también
que cuando eras niño tierno
presté a Gabelo en Ragés,
y esto en plata, diez talentos.
Y aunque ya siento tu ausencia,
quiero que vayas por ellos,
y a Gabelo restituyas
su firma y conocimiento.
No temas, hijo, aunque agora
tan pobre vida pasemos;
que muy rica la esperamos,
y con tesoros inmensos,
si temiéremos a Dios,
y guardando sus preceptos,
de pecar nos apartamos
y al prójimo bien hacemos.

Tobías (Mozo)   Cuanto me habéis enseñado
haré, padre, muy contento,
mas no sé cómo podré
cobraros ese dinero;
ni él me conoce, ni yo
le conozco; ¿cómo puedo
pedírselo, o con qué señas?
Y el camino, fuera de esto,
de ningún modo le sé.

Tobías (Viejo)   Cuanto al dinero, yo tengo
el conocimiento aquí,
que en viéndole, estoy muy cierto
le pague de buena gana,
con justo agradecimiento.

Cuanto al camino, algún hombre
puedes buscar que sea diestro,
y porque te lleve y guíe
le daremos su estipendio.

Tobías (Mozo) Pues yo voy, padre, a buscarle.

Sale Rafael.

Pero detente, mancebo.

Tobías (Viejo) ¿A quién llamas?

Tobías (Mozo) Por la calle
pasa un caminante bello.

Tobías (Viejo) ¿Pues en qué ves que camina?

Tobías (Mozo) En el bordón y sombrero.

Rafael ¿Llámasme?

Tobías (Mozo) A ti te llamo.

Rafael ¿Qué me quieres?

Tobías (Mozo) ¿De do bueno?

Rafael De los tribus de Israel.

Tobías (Mozo) ¿Sabes mancebo, aunque lejos,
el camino de Ragés,
en la región de los Medos?

Rafael	Sí, que mil veces le anduve, porque he estado con Gabelo.
Tobías (Mozo)	¿Con Gabelo?
Rafael	Sí.
Tobías (Mozo)	Por Dios, que me esperes un momento. Padre, el mancebo que os dije sabe el camino que emprendo, y la ciudad, porque ha estado con Gabelo.
Tobías (Viejo)	Buen suceso; llégale a mí, por tu vida.
Tobías (Mozo)	Yo voy; peregrino bello, mi padre te quiere ver: entra a su pobre aposento.
Rafael	Vamos, Dios te salve y dé alegría, honrado viejo.
Tobías (Viejo)	¿Qué alegría, noble joven, si en las tinieblas me asiento y de la luz celestial como me miras carezco?
Rafael	Buen ánimo: ya se acerca tu cura.
Tobías (Viejo)	¿Podrás, mancebo, llevar mi hijo, y tendrás

	a la vuelta cierto el premio?
Rafael	Yo me ofrezco de llevarle,
	y de volverle me ofrezco.
Tobías (Viejo)	Dime de qué casa eres,
	y de qué tribu, te ruego.
Rafael	¿Buscas caminante noble,
	o caminante maestro
	para que enseñe a tu hijo?
	Mas porque no estés suspenso,
	yo soy Azarías, hijo
	de Ananías, no el pequeño,
	sino el grande.
Tobías (Viejo)	De gran casa;
	pero como viejo y ciego,
	te pido que me perdones
	las preguntas que te he hecho.
Rafael	Yo te traeré el hijo tuyo
	sano y salvo.
Tobías (Viejo)	Así lo creo;
	id enhorabuena, y Dios
	sea en el camino vuestro:
	su Ángel santo os acompañe.
Tobías (Mozo)	Lo necesario llevemos.
Ana	Estas alforjas, Tobías,
	aunque de poco provecho,
	tienen algo.

Tobías (Mozo)	Este bordón para muchas cosas llevo: el perro se regocija; ¡to! Melampo, lindo perro, ¿quieres caminar conmigo? Dice que sí, caminemos; padres, adiós.
Rafael	Mis señores, adiós.
Tobías (Mozo)	¡To! Melampo: creo que no nos has de dejar; padres, Dios me vuelva a veros.
Vanse.	
Ana	¿Qué es lo que has hecho? Rompiste el báculo y el gobierno de nuestros años. ¡Pluguiera a Dios que nunca el dinero a Gabelo hubieras dado! La pobreza que tenemos era riqueza con él.
Tobías (Viejo)	No llores: sosiega el pecho; sano volverá a nosotros nuestro hijo, porque pienso que el Ángel de Dios le guía; que sus cosas disponiendo, nos le volverá con gozo.
Ana	En su piedad santa espero.

Tobías (Viejo)	Esperanza puesta en Dios, siempre tiene a Dios por puerto.

Vanse, y sale Bato con una cesta, y Jorán.

Bato	Hechas ya las amistades, según me ha dicho, señor, y porque siempre el amor paga en ricas voluntades, traigo un presente a nuesama de lo mejor que topé.
Jorán	¿Qué tal el enojo fue?
Bato	¿No te le ha dicho la fama? Pues ¡voto a mi sayo el viejo! Que me dicen que en tres días no comió por más porfías: tal la tuvo el sobrecejo.
Jorán	Tres días oí decir que estuvo Sara llorando, mas era al gran Dios orando.
Bato	De eso fue causa el reñir, porque dicen que Tamar la llamó matamaridos.
Jorán	¡Qué palos bien merecidos!
Bato	Yo me pretendo casar con ella a ese efeto solo.

Jorán	¿Qué efeto?
Bato	Dalle una tunda de palos.
Jorán	La vez segunda que casó con ella Etolo, había de escarmentar su padre, y no esperar siete.
Bato	Parecen puercos que mete por el Noviembre a matar; hétela aquí, ¡voto a mí!
Jorán	Con ella viene Ragel.

Salen Ragel y Sara.

Ragel	Pues vaya Sara, Ismael.
Jorán	Mientras hablaren aquí, a Bato quiero engañar con un disfraz, de tal modo, que me dé el presente todo, y ayudaráme Tamar.

Vase.

Sara	Yo haré que vaya al ganado y que llame los pastores.
Ragel	Haz que vengan los mejores y más valientes del prado.

84

Sara	Vete a prevenir a Elí.
Ragel	Ya voy.
Bato	Y yo a verte llego.

Vase Ragel.

Más que de vergüenza, ciego
de ver la luz que hay en ti.

Sara   ¡Bato!

Bato   Dame diez estrellas
solo con las manos darme,
para que pueda alabarme
que puse la boca en ellas.

Sara   Seas, Bato, bien venido.

Bato   Señas son que ya no estás
enojada.

Sara   Nunca más;
¿qué es eso que me has traído?

Bato   En buena confirmación
destas santas amistades,
que duren por más edades
que el tribu de Zabulón,
te traigo, Sara, en presente
toda esta cesta de cosas,
no preciosas, amorosas,

con ánimo diligente.
Un queso tal, que bien creo
que hacerte ratón merece,
cuya corteza parece
que viene escrita en hebreo.
No traigo frutas, ni enjutas
servas, ni pero ninguno
con su afeite, por si alguno
espera que pinte frutas.
Que andan unos, no sé quiénes,
copiando y diciendo mal;
pero tráigote un panal:
tal viera yo tus desdenes.
Con tantas casillas bellas
que las abejas hacían,
que parece que querían
aposentar las estrellas.
Toda en encerados velos
su miel, porque las adules,
antes fue flores azules:
tal hace el amor los celos.
Si como él casas, tuviera
almas, sin duda ninguna
que pusiera en cada una
un alma que te ofreciera.
Traigo de tres ruiseñores
un nido con todo el colmo
de heno y paja, que de un olmo
bajé y entoldé con flores.
Acá los puedes criar
con pasta de almendra y huevos,
muy menuda, que son nuevos
y no la podrán pasar.
Después habrá corazón

tan picado como el mío,
y cantarán, yo los fío,
porque nacen en prisión.
    Que el que gozó libertad
como y, mal canta preso;
mas veréis cómo os confieso
mi pobreza y voluntad.
    porque en daros ruiseñores
digo que el presente es ruin,
y vos, señora, que en fin
lo sois de vuestros pastores.

Sara   Estimo la relación
en tanto como el presente;
di a Tamar que te aposente
muy bien, que es mucha razón:
y dale la cesta, y di
que me la guarde.

Bato   Yo iré,
y la cesta le daré,
pues vos lo mandáis ansí.
que después podré pediros
cierto favor.

Sara   Aquí estoy.

Bato   Contento en extremo voy.

Vase Bato.

Sara   Yo quedo con mis suspiros;
        los cielos he consultado,

y al alto Dios he pedido
me libre, y pienso que ha sido
mi ruego humilde escuchado.
    Preguntar quiero a la tierra,
al prado, al eco y al viento,
y a mi propio pensamiento,
la paz de tan triste guerra.
    Que de falta de consuelo
tan vanos remedios sigo,
que me entretengo conmigo,
y mis desdichas desvelo.

Responden dentro con música a los ecos de este soneto.

Sara   ¿Qué es mi cuidado, paz o guerra?

Música   Guerra.

Sara   ¿Va errado el gusto aquí encerrado?

Música   Errado.

Sara   ¿Y habrá perdido por callado?

Música   Hallado.

Sara   ¿Y si el deseo se desyerra?

Música   Yerra.

Sara   ¿Cierro la puerta al mal que encierra?

Música   Cierra.

Sara	¿Tendré acaso algún bien prestado?
Música	Estado.
Sara	¿Pues qué es la suerte en mi cuidado?
Música	Dado.
Sara	¿Y todo lo que a Dios destierra?
Música	Tierra.
Sara	¿Vino mi bien dulce adivino?
Música	Vino.
Sara	¿Cómo iré a oír su voz gloriosa?
Música	Osa.
Sara	Pídale a Dios que no se impida.
Música	Pida.
Sara	¿Es esperarle desatino?
Música	Tino.
Sara	¿Pues posa cerca de su esposa?
Música	Posa.
Sara	¿Hay muerte ya que aquí resida?

Música	Es ida.
Sara	Tendré por felice agüero,
	viento, esa dulce respuesta;
	pues que ya el bien manifiesta
	que de mi remedio espero:
	tan puramente he vivido,
	señor, como sabéis vos,
	que aun el pensamiento a Dios
	no puede serle escondido.
	Todo sois ojos y manos,
	todo lo sabéis y veis,
	y como tal, conocéis
	los pensamientos humanos.

Sale Bato.

Bato	Yendo a buscar a Tamar
	para darle aquella cesta,
	me dijo ahora Doresta
	que era subida al pajar.
	Subí, y en lo más oscuro
	un bulto blanco me habló
	por mi nombre, y me obligó
	a más de un fuerte conjuro.
	Díjome, en fin...
Sara	¿Pues así
	tiemblas?
Bato	Temo que no vuelva.
Sara	Bato, en el monte y la selva

90

                        duermes, ¿y tiemblas aquí?

Bato   Díjome que un año había
                        que en aquel pajar penaba,
                        que desde entonces estaba
                        sin comer.

Sara   Muerto se habría.

Bato   Que la diese aquella cesta.

Sara   ¿Dístesela?

Bato   ¡Si me llamó
                        por mi nombre!

Sara   Él te engañó;
                        necedad fue manifiesta.

Bato   Él no me ha engañado a mí,
                        sino a ti.

Sara   Suceso raro.
                        ¿a mí, por qué?

Bato   ¿No está claro,
                        si te di la cesta a ti?

Sara   Bien dices; voy a saber
                        quién es el muerto fingido.

Bato   Dijo que era tu marido.

Sara   No te puedo responder.

Vase Sara.

Bato
     Enojada se ha conmigo,
mal hice en nombrar los muertos,
ya de su tierra cubiertos;
otra vez soy su enemigo.
     Mas que me engañen a mí
con tantas harbas... ¿Qué haré?
Pero yo me vengaré;
cesta y amistad perdí.

Vase, y Salen Tobías, el Ángel y el perro.

Tobías
     Apenas siento el áspero camino
con tus razones santas y agradables,
que aun parece que el perro que nos sigue
con el son de la voz recibe aliento.

Ángel
     De tres maneras es, Tobías caro,
esta efusión de la bondad suprema,
que por generación es la primera,
y por expiración es la segunda,
y por creación es la tercera, advierte;
que las emanaciones dos primeras
son abeterno, y la tercera en tiempo;
de la cual solamente diré agora.

Tobías
     ¡Qué notable doctrina, qué divina!
Pero como es tu cara es tu doctrina.

Ángel
     Entre criar, hacer y engendrar, vemos
gran diferencia, que el criar, de nada
hace que salga aquello que se cría,

mas lo que se hace de algo, se hace y sale,
porque hacer es obrar de otra materia.

Tobías   Concepto voy haciendo, aunque ignorante,
de lo que dices.

Ángel   Dios es de las cosas
de tres maneras causa: es eficiente,
ejemplar y final, mas de ninguna
puede ser material.

Tobías   Todo lo entiendo.

Ángel   Entre el obrar de Dios y la criatura,
hay esta diferencia: que Dios obra
en un instante, el ángel de repente,
y la naturaleza poco a poco;
los primeros principios de las cosas.
son de Dios inmediatos.

Tobías   Adelante.

Ángel   La materia y la forma...

Tobías   Espera un poco.
que hemos llegado al Tigris.

Ángel   Este río
se llama Tigris porque en lengua Media
Tigris quiere decir flecha, y su curso
es tan veloz, que le llamaron flecha
por la velocidad con que se escapa
de la cuerda del arco que la tira.

Tobías	Los pies quiero lavarme: que los traigo llenos de polvo, si me das licencia.
Ángel	Aquí te aguardaré.
Tobías	Cristales puros, no os ofendáis que en vos los pies me lave; siéntome aquí.
Ángel	Descálzate.
Tobías	Comienzo. Señor. señor, ayúdame.
Ángel	¿Qué es eso?
Tobías	Ayúdame, Azarías, que me quiere tragar aqueste pez.
Ángel	Cógele y tira: no hayas temor.
Tobías	Favor, divino cielo, ¡qué temeraria bestia!
Ángel	Ten buen ánimo.
Tobías	Ya le tengo en la tierra.
Ángel	Ábrele luego.
Tobías	Mejor será pasalle a aquella orilla.
Ángel	La hiel y el corazón has de sacalle.

Tobías	Aunque está palpitando se defiende; mas corazón y hiel, ¿de qué aprovecha?
Ángel	Muy presto lo sabrás.
Tobías	Yo te suplico, Azarías querido, que me digas para qué serán buenos.
Ángel	Si en las brasas pones el corazón, el humo solo destierra los demonios, y no vuelven eternamente a la mujer, o al hombre; la hiel, puesta en los ojos del que es ciego le da la vista.
Tobías	¡Oh pez maravilloso! Extraña es su virtud, mayor la tuya, pues que sabes secretos tan extraños.
Ángel	Vamos donde le partas y le sales, para que en el camino nos sustente.
Tobías	¡Gracias te doy, gran Dios Omnipotente! Nunca el socorro de tus manos tarda.
Ángel	Pues deso sirve el Ángel de la Guarda.

Fin de la segunda jornada

Jornada tercera

Salen Sara y Tamar.

Tamar   Él tiene este pensamiento:
yo no lo he dicho a señor.

Sara   Muero, Tamar, de temor
en oyendo casamiento.
   Pero en verdad que estarás
con Bato muy bien casada.

Tamar   A lo menos descansada,
para no pensarlo más.

Sara   En fin, ¿él te quiere bien?

Tamar   Él lo dice, y yo lo creo,
que el mirar muestra deseo,
como el no mirar desdén.
   No es Bato de los muy sabios:
es bueno para marido,
que un discreto, un presumido,
todo es puntos, todo agravios.

Sara   Antes le tengo por hombre
más malicioso que sano.

Tamar   Son malicias de villano,
que esas andan con el nombre.
   Háblale, y habla al señor:
así Dios te dé un marido
de quien, el temor perdido,
tenga sucesión tu amor.

Sara

Vete, que yo le hablaré,
pero entre tanto haz de modo
que te guardes dél.

Tamar

En todo,
tu recato imitaré.
Al cernedero me voy,
que tengo el agua caliente.

Sale Bato.

Bato

A un hombre que de honra siente,
y discreto como soy,
mucho lastima un agravio.

Sara

¿Dónde, Bato?

Bato

¡Oh mi señora!
Aunque disimulo agora,
como lo aconseja el sabio,
trazando voy todavía
como me pague Jorán
la burla.

Sara

Dicho me han
que te casas.

Bato

Bien querría
si yo hallase una mujer
con solas dos condiciones.

Sara

¿Dos? En lo justo te pones,
ya las deseo saber.

Bato	Nunca a la razón desvío, señora, de lo que es justo: que nunca hiciese su gusto y que siempre hiciese el mío.
Sara	Mucho le pides en poco.
Bato	Tengo nota de hombre sabio; con este sello en el labio, hará mucho hablando poco.
Sara	En fin, ¿tú quieres casarte con Tamar?
Bato	¿Cómo Tamar?
Sara	Ella me ha venido a hablar de tu parte.
Bato	¿De mi parte? De la suya puede ser; que yo más alto camino, porque a no ser desatino quisiera un ángel mujer.
Sara	¿Pues quieres otra criada?
Bato	Si criada no estuviera. ni la viera ni quisiera; ya está criada y casada.
Sara	¿Cómo casada?

Bato   Y viuda
de más de un marido.

Sara   Afuera
suena gente: un poco espera,
y advierte primero en duda,
   que si donde esté Tamar,
pues que casarte no quieres,
alguna vez estuvieres,
te haré por fuerza casar.

Vase Sara.

Bato   ¡Oh, pues, qué linda cosa el casamiento
para forzar con él a un hombre el gusto!
Que aun hecho con el gusto, al más a gusto,
algún azar impide su contento.
   Llamaron al casar melón, que al tiento,
al olfato, a la vista, viene al justo,
pero puesto el cuchillo de un disgusto,
descubre la corteza el pensamiento.
   Cuál está muy maduro, cuál muy duro,
cuál no tiene sabor y cuál amarga;
cuál, probado tina vez, no está seguro,
   cuál lleno de pepitas, de hijos carga.
¡Dichoso quien le halló sabroso y puro,
de corta lengua y de paciencia larga!

Vase.
Salen Tobías y el Ángel.

Tobías   ¿Dónde quieres que paremos?

Rafael   Aquí habemos de parar.

100

Tobías	¿Quién vive aquí?
Rafael	No hay lugar a donde mejor posemos. Esta casa es de Ragel, pariente tuyo cercano, tiene una hija que en vano la imita humano pincel. Ésta es única heredera: por mujer la pedirás y su hacienda heredarás, porque a ti te toca.
Tobías	Espera. Oigo decir que la dio su padre a siete maridos, y ha llegado a mis oídos que el Demonio los mató. Temo que me mate a mí; único a mis padres soy, y si esta pena les doy con la que al partir les di, ¿qué dudas, caro Azarías, que los mate de dolor, teniéndome tanto amor?
Rafael	Advierte y sabrás, Tobías, sobre cuáles desposados tiene el Demonio poder, que no le puede tener sobre los castos cuidados. En aquellos que se casan sin tener a Dios presente,

y solo lascivamente
la conyugal vida pasan,
　tanto, que bestias parecen,
tendrá por su libertad,
el Demonio potestad
que ellos mismos se la ofrecen.
　Tú, en casándote, Tobías,
has de vivir continente
tres días, y a Dios presente
orar también los tres días.
　La primera noche, al fuego
del pez el hígado echando,
huirá el Demonio, mostrando
el cielo admitir tu ruego.
　En la segunda serás,
con los patriarcas santos,
admitido a bienes tantos
como en casarte hallarás.
　Alcanzarás la tercera
de los cielos bendición
para la generación
y sucesión que te espera.
　Y las tres noches pasadas,
recibirás tu doncella,
esposa, sin que el ser bella
ni sus gracias celebradas,
　que a otros muchos muerto han,
te muevan, mas la razón
de alcanzar la bendición
de la línea de Abraham.

Tobías　　　　Yo quedo bien instruido,
　　　　　　mas pienso que viene ya.

Salen Ragel, Sara, Jorán y Bato.

Ragel   Gente en nuestra casa está.

Jorán   Pienso que a verte han venido.

Ragel   ¡Oh, gallardos forasteros!
                         ¿Buscáisme a mí?

Tobías   Sí, señor;
                         que obliga vuestro valor
                         a veros y a conoceros,
                            y no menos a serviros.

Ragel   ¿De qué tribu?

Tobías   Neptalín.

Ragel   ¡Recibió el alma a este fin
                         tal contento al recibiros!
                            ¿Sois de la cautividad
                         de Nínive?

Tobías   Sí, señor,
                         que también ese dolor
                         me alcanzó en mi tierna edad.

Ragel   ¿Conocéis allá a Tobías?

Tobías   Bien le habemos conocido.

Ragel   Puesto que cubran de olvido
                         el trato común los días,
                            no a lo menos el amor.

El varón más justo y santo
conocéis que cubre el manto
del cielo.

Tobías   Hacéisle favor.

Ragel   Quién las virtudes contara,
hijos, de aquel santo viejo,
su prudencia, su consejo,
la caridad con que ampara
    al pobre, y sepulta al muerto,
los peligros que ha pasado
escondido y desterrado,
hambre y sed por el desierto,
    las paciencias que le dan
coronas de oro y de estrellas,
contara las luces bellas
que dijo Dios a Abraham.

Rafael   Este Tobías que alabas
es padre de este mancebo.

Ragel   Poco amor, hijo, te debo,
pues en tal silencio estabas.
    Dame esos brazos: recibe
este llanto en ciertas prendas
de mi amor, para que entiendas
cuánto en esta casa vive.

Sara   A todos, padre y señor,
su tierna memoria obliga.

Ragel   No hay señal que tanto diga
los sentimientos de amor.

104

Tobías	Si así lloras, y tu hija noble, y todos tus criados de su memoria obligados, dad licencia que me aflija de verme ausente de quien es la luz con que vivía.
Ragel	Hijo querido, este día te alcance con todo el bien la bendición del gran Dios; de gran varón eres hijo: siento en verte el regocijo que tuviéramos los dos. Ea, Sara, ea, criados: buenos huéspedes tenemos: razón es que regalemos a parientes tan honrados. Dadnos presto de comer; ea, traigan mesas presto.
Bato	A servirte voy dispuesto, con gran contento y placer.
Ragel	Ven acá, mata un carnero, el más gordo del ganado.
Bato	Tal como estaba apartado le comas de Enero a Enero. Entre carneros podía haber guerras carneriles, cual suele haberlas civiles sobre alguna monarquía: ser capitán general,

tanto, que por bien armado,
de frente fuera envidiado
del carnero celestial.

Tobías   Bocado no comeré
si no me otorgas primero
lo que de tu mano espero,
y porque en tu casa entré.

Ragel   Hijo, ¿qué querrás de mí,
que no sea fácil cosa?

Tobías   A tu hija por esposa.

Ragel   ¿A mi hija?

Tobías   Señor, sí.
Tobías (A Rafael.)   Enmudecido ha quedado.

Rafael   No te espantes, que es razón
que le cause confusión
lo que sabes que ha pasado.
Ragel, no temas, que a quien
teme a Dios, se le ha de dar
tu hija.

Ragel   No acierto a hablar.

Rafael   Ni pudiera ser también
que quien así no temiera,
a tu bellísima Sara
en matrimonio gozara,
y por mujer la tuviera.

106

Ragel	Creo que mi ruego y llanto
	oyó Dios, y también creo
	que el venir adonde os veo
	fue por su precepto santo.
	Porque Sara se juntase
	a su linaje también
	según la ley de Moisén,
	y es Men cine con él la case.
	Alegre podrás comer,
	noble mancebo Tobías,
	hoy conmigo, y cuantos días
	merced que queráis hacer,
	porque hoy quedaréis casados.
	Dame esa mano.

Sara	¡Señor!

Ragel	No tengas, hija, temor:
	deja esos vanos cuidados.
	Muestra la tuya, mancebo.

Tobías	Señor, la mano tomad,
	aunque por indignidad
	parece que no me atrevo.

Sale el Demonio estando asidas las manos.

Demonio	¿Qué es esto, qué pasa aquí?
	¿Aún no escarmienta esta gente?

Rafael	¿Cómo quieres que escarmiente,
	si Dios se lo manda así?

Demonio	¿Aquí estás tú?

Rafael	¿Qué pensabas?
Demonio	¿Piensas que te tengo miedo?
Rafael	Tú sabes ya lo que puedo desde que el cielo alterabas.
Ragel	Dios de Abraham soberano, Dios de Isaac omnipotente, Dios de Jacob, felizmente junta con tu santa mano en matrimonio a los dos, y cumple, Señor, en ellos tu bendición.
Demonio	Ya sobre ellos me ha dado licencia Dios.
Rafael	Mientes, mas ¿cuándo dijiste verdad?
Demonio	Allá lo verás.
Rafael	¿Qué podrás?
Demonio	Más que tú.
Rafael	¿Más?

Sale Bato.

Bato	¿Qué es esto?

Jorán   ¿Ya no lo viste?

Bato   Matando he estado el carnero.

Jorán   Bato, los dos se han casado.

Bato   Es buñuelo; aún no ha llegado
               y ya se la dan, ¿qué espero?

Ragel   Vamos, y con escritura
               quede todo confirmado.

Tobías   Vamos, señor.

Demonio   En cuidado
               me ha puesto el verte.

Rafael   Procura
               irte donde ganes más,
               que aquí vengo yo por guarda.

Demonio   Con tal soldado de guarda,
               Tobías, seguro vas;
                  pero yo tengo de hacer
               lo posible por quitarte
               la vida.

Rafael   No serás parte.

Demonio   Mal conoces mi poder:
                  ¡Atrevíme al mismo Dios,
               y tendré de un ángel miedo!

Rafael   Presto verás lo que puedo,

si hacemos campo los dos.

Éntranse todos y quedan solos Bato y Jorán.

Jorán   Ea, ¿de qué estás turbado?
          Mata el carnero.

Bato   Y a mí.
          que es lo mismo, pues que fui
          ocho veces su traslado.
            Siete maravillas tuvo
          el mundo y siete maridos
          Sara: agravios conocidos
          que mi desdicha entretuvo.
            Siete veces fui carnero
          destos siete desposados,
          aunque de tales cuidados
          la misma venganza espero.
            Mas agora que en la villa
          éste se viene a casar,
          de carneros del lugar
          soy la octava maravilla.

Jorán   ¿Qué agravio te pudo hacer
          la que tu mujer no ha sido?

Bato   ¿No basta haberla querido
          por mujer sin ser mujer?

Jorán   Desuella, acaba, el carnero.

Bato   ¿Qué tengo que desollar
          si él la carne ha de cenar
          y solo el pellejo espero?

Pues ya sabes que con él
viene toda la armadura.

Jorán — Tú comerás la asadura.

Bato — Bien asado estoy por él.

Vase Jorán.

¡Amor, amor, yo quedo desta vez
desengañado y de tu guerra en paz!
Si fuese el desengaño pertinaz,
mala soga me parta por la nuez.
   ¿De qué sirve un peón en tu ajedrez
para ganar tus damas incapaz,
ni esperanzas de pollos en agraz,
si por ajos suspira el almirez?
   Tasajos cómo yo, que no perdiz:
ya no gasto herraduras de tu coz,
si piensas que es mi estómago avestruz;
   en los pechos estás como lombriz,
áspid en lengua, ruiseñor en voz.
buey en el yugo y ciervo en el testuz.

Sale Tobías el viejo.

Tobías (Viejo) — Bien pintaron al ausencia,
ciega, aunque llena de oídos.
por las nuevas desvalidos
de aquella amada presencia.
Ciego estoy, y mi paciencia
tantos oídos mantiene,
para ver si mi bien viene,
que hasta las hojas presumo

que hablan dél. pero es el humo
del fuego que lejos tiene.
  Es ciega porque no ve
el ausencia el bien que ama:
por las nuevas de la fama
es justo que siempre esté
llena de oídos, que fue
símbolo de su desvelo:
quitóme la vista el cielo;
tanto los oídos trato,
que soy el mayor retrato
de la ausencia en todo el suelo.
  ¡Ay, mi querido Tobías!
No digo si te he de ver:
oírte sí y ofrecer
tal bien al fin de mis días;
ciego soy y tú podrías
tan vivo representarte
a mis sentidos, que en parte
fuese verte en este abismo;
pues para un ciego es lo mismo
tocarte que imaginarte.

Sale Ana.

  Pasos siento, ¿es Ana?

Ana   Sí.

Tobías (Viejo)   ¿Qué hay, Ana de la luz mía?

Ana   A ver salgo cada día
si viene el bien que perdí.

Tobías (Viejo)	¿No viene?
Ana	Los campos vi desde encima de los montes: discurrí sus horizontes; pero ni aun sombras se ven.
Tobías (Viejo)	Cuando no se acerca el bien, ¿qué importa que te remontes?
Ana	¡Qué mal hiciste en quitarme y dejar peregrinar el placer de mi pesar que solo pudo alegrarme! ¿Con quién podré consolarme? ¡Falta la luz de mis ojos!
Tobías (Viejo)	Ana, cesen los enojos.
Ana	¡Si es muerto acaso Gabelo!...
Tobías (Viejo)	No tengas, Ana, recelo, que el varón que le guiaba era fiel, y mostraba en sus palabras buen celo.
Ana	Pasa el día prometido, ¿qué me podrá consolar?
Tobías (Viejo)	La esperanza de llegar que entretiene el bien perdido, llévame donde el oído sienta si viene mi bien.

| Ana | El verte llorar también |
| | tiene mi consuelo en calma. |

| Tobías (Viejo) | Por el oído ve el alma |
| | cuando los ojos no ven. |

Sale Tobías el Mozo.

Tobías (Mozo) ¡A ti, Señor eterno,
que en las ruedas marítimas sentado,
cuyo veloz gobierno
en abrasados círculos bañado,
miran cuatro animales
que visten tantas luces celestiales!
  ¡A ti, mi humilde pecho
se humilla, temeroso que a ti solo,
cual de tus manos hecho,
las columnas del uno y otro polo,
señal que te obedecen,
en sus eternas basas se estremecen!
  ¡Señor, yo me he casado
por el consejo santo de Azarías,
mi compañero amado,
por cuya boca pienso que me guías;
no he mirado mi esposa
con voluntad lasciva y codiciosa!
  Solo para servirte,
y por la bendición de mis pasados,
este Euripo, esta Sirte,
pasarán con tu ayuda mis cuidados.
De ti, favorecido,
este espíritu vil será vencido.

Sale Sara.

Sara, querida esposa.
levántate, no temas.

Sara   ¿Qué me quieres?

Tobías (Mozo)   ¿De qué estas temerosa
                        en este punto, si de Dios lo eres?

Sara   Esposo, en Dios confío,
                        mas no puedo vencer el temor mío.

Tobías (Mozo)   Hijos somos de santos:
                        no habemos de juntarnos cual gentiles,
                        que tienen dioses tantos,
                        y adoran piedras y maderos viles;
                        llégate, Sara, al fuego:
                        suba en el humo nuestro humilde ruego.
                         Híncate de rodillas:
                        hagamos oración al Dios supremo.

Sara   Tan altas maravillas
                        son obras de sus manos; solo temo
                        mi indignidad.

Tobías (Mozo)   Confía
                        en su piedad, que es la esperanza mía.

En hincándose de rodillas, y echando en el fuego el hígado del pez, se verá
en la una parte del tablado el Ángel con Asmodeo asido por lo alto como que
le detiene.

Demonio   Suéltame, no me tengas.

Rafael	¿No sabes tú que en una argolla atado,
	por más que te prevengas
	de astucias, Leviatán, con un candado
	te tiene Dios asido,
	y yo en su nombre?

Rafael ¿No sabes tú que en una argolla atado,
por más que te prevengas
de astucias, Leviatán, con un candado
te tiene Dios asido,
y yo en su nombre?

Demonio   Déjame, te pido:
Dios me tiene mandado
que mate cuantos fueren sus esposos;
a siete muerte he dado.

Rafael Si ellos fueran varones temerosos
de Dios, tú no pudieras;
si éste lo es como lo ves, ¿qué esperas?

Demonio   Matarle.

Rafael   Eso no puedes;
que desde aquí te he de llevar a Egipto,
a donde preso quedes.
Discurre de esta tierra el gran distrito.

Den los dos por el aire una vuelta a la otra parte del teatro, a unas peñas donde esté una cadena.

Demonio ¿Dónde me llevas?

Rafael   ¡Perro,
a Egipto desde Media te destierro!
    Con aquesta cadena.
en este monte quedarás atado.

Demonio	Déjame que en mi pena viva, mientras quisieres, desterrado.
Rafael	Aquí has de estar agora: aquí es tu infierno hasta la cuarta aurora.

En atándole con la cadena, dé el mismo monte una vuelta con ellos, porque estará hecho sobre un quicio.

Tobías (Mozo)	Señor y Dios eterno, de nuestros padres, cielo, mar y tierra, que rige tu gobierno, y las criaturas que uno y otro encierra, te bendigan y alaben, las que ignoran, Señor, y las que saben. A Adán del limo hiciste, y a Eva, por su dulce compañía, de tu mano le diste; tú sabes, gran Señor, la intención mía: posteridad deseo, en quien tu santa bendición empleo.
Sara	Piedad, Señor divino, piedad, gran Dios, pues a los dos juntaste por tan raro camino, y sí para Tobías nos guardaste, juntos nos envejezca la edad, que a tu servicio el fruto ofrezca.

Echan una cortina, y salen Ragel, Jorán y Bato con azadones.

Bato	Apenas canta el gallo, y ya tenemos voces en casa.

Ragel	Acaba va, villano.
Jorán	Al novio Bato lo atribuye todo.
Bato	Como esos males por el novio espero.
Ragel	¿Traéis los azadones?
Bato	¿No los miras?
Ragel	¡Mísero yo, que tal dolor me aguarda!
Jorán	Habemos de ir al campo, ¿qué nos quieres?
Ragel	No habemos de ir al campo, aunque mi casa ya será campo de dolor y pena. Aquí cavad.
Bato	Aquí, pues, ¿a qué efecto?
Ragel	A efecto de enterrar al buen Tobías.
Bato	Pues, ¿cómo es muerto?
Ragel	No lo sé, más creo que le habrá muerto aquel maligno espíritu, como a los otros siete.
Bato	Si supiera que eran los azadones para eso, hubiera madrugado a media noche; ayuda aquí, Jorán; que te perdono los quesos, y la cesta de aquel ánima,

con que no digas que la de este novio
anda por los pajares muerta de hambre.

Jorán   Yo me daré por ti famosa prisa.

Bato   Mal año si en las viñas me la diera,
como en hacer aquesta sepultura.

Ragel   Abrid la tierra dura,
que para mí sin duda mejor fuera,
pues que fuera de ser propio a mis años,
lo merece haber hecho tantos daños.

Bato   ¡Pardiez, Jorán, que aunque me ves cavando
con animo tan fuerte este sepulcro,
la envidia en la derecha, y la venganza
en la del corazón, de amor herido,
y con las dos asido el azadón, de celos,
que tiemblo de estos muertos, santos cielos!

Jorán   ¿Qué tienes?

Bato   Todo es miedo.

Jorán   Ten buen ánimo.

Bato   ¡Otro muerto, Jorán! pues algún día
ha de dar tras nosotros este espíritu.

Jorán   El remedio del miedo estando a solas,
es pensar otra cosa diferente.

Bato   ¿Qué pensaré, Jorán, que estoy temblando?
Ni doy azadonada que no piense

que ha de salir de aquesta misma fosa
una legión de espíritus, cual suele
banda de grajos a dormir en bosque.

Jorán   Piensa en que tienes gran dinero y joyas.

Bato   Eso es miedo mayor, pues quien los tiene
está lleno de miedo y de cuidados,
de ladrones, de hijos y criados.

Jorán   Piensa en una mujer hermosa y linda,
con quien estás casado y eres novio.

Bato   Peor mil veces; que es mayor el miedo
del poderoso, del galán, del rico,
del amigo traidor y del pariente;
que si hay mujer hermosa, yo te digo
que la guardes del deudo y del amigo.

Jorán   Piensa en que tienes un estado grande
y que naciste emperador del mundo.

Bato   ¿Y eso no es miedo?

Jorán   ¿Pues los grandes tienen
miedo de nadie?

Bato   Miedo más que todos
a la menor calenturilla o causa
por donde a lo mortal toque la muerte.

Jorán   Piensa en que vas por un camino.

Bato   Temo

que vengan salteadores.

Jorán   Imagina
que es por la mar.

Bato   Ya temo la tormenta.

Jorán   Piensa que tienes un gentil vestido.

Bato   Temeré que se rompa o que se manche.

Jorán   Piensa en que tienes un leal amigo.

Bato   No me mandes pensar en imposibles.

Jorán   Piensa en que estás en una mesa espléndida.

Bato   Temo, si como mucho, el mal forzoso.

Jorán   Piensa en el cielo.

Bato   Agora sí, que solo
puede un hombre en el cielo estar seguro,
porque es lugar donde no cabe miedo,
y solo en él estar seguro puedo.

Ragel   ¿Está hecha?

Jorán   Ya pienso que está buena.

Ragel   Pues, Bato, ve volando a su aposento,
y mira si mi yerno está difunto,
o que daño el espíritu le ha hecho.

Bato	¿Y quieres que lo mire?
Ragel	No lo entiendes.
Bato	Jorán, ¿no puedes ir?, que estoy cansado.
Ragel	Pues solo para entrar en su aposento, ¿es necesario descansar?
Bato	Si digo verdad, yo no he tratado con espíritus, ni sé el lenguaje, ni querría toparlos. Jorán es animoso.

Sale Tamar.

Tamar	Mi señora me envía a que me des albricias luego.
Ragel	Yo te las mando. ¿Qué hay, Tamar?
Tamar	Los novios a tu servicio están, buenos y sanos.
Ragel	Déjame ir a ver tan gran milagro, vosotros entretanto con la tierra cubrid la sepultura.
Bato	Buen trabajo. ¡Pardiez, Jorán, que fue dichoso el novio, y que pesa si es verdad te digo! Juraré que sabía alguna treta contra aquestos espíritus verdugos. Tamar, ¿qué, tú lo viste?

Tamar	Yo lo he visto. ¿No escuchas el contento y los abrazos de los viejos dichosos y del yerno?
Bato	Durmióse el bellacón en el infierno.

Salgan Rafael y Tobías el Mozo.

Tobías (Mozo)	Esto habemos concertado:
	media parte de su hacienda,
	como sabes, me ha mandado,
	y que la otra se entienda
	después de haberle heredado.
	  Pídeme que esté con él
	algunos días, y siento
	que dé mi ausencia cruel
	a mis padres más tormento;
	toma, por Dios, el papel,
	  y ve a cobrar de Gabelo
	los diez talentos; que el cielo
	favor te dará, Azarías,
	para que en muy breves días
	no vuelvas al patrio suelo.
	  No hayas miedo que los niegue.

Rafael	Pienso que en viendo el papel los diez talentos entregue; que es varon justo y fiel, y así es razón que le ruegue que venga a hallarse en tu boda.
Tobías (Mozo)	Si él a venir se acomoda, gran contento me darás.

Rafael	¿Qué gente, amigo, me das?
Tobías (Mozo)	Ésta de mi suegro toda.
Rafael	Bastarán cuatro criados, dos camellos bastarán.
Tobías (Mozo)	¡Hola, pastores honrados!
Bato	Respóndele tú, Jorán, que acá andamos enojados.
Tobías (Mozo)	Cuatro seréis menester para ayudar a traer cierto dinero a Azarías.
Jorán	Nuestro dueño eres, Tobías: manda hacer y deshacer.
Tobías (Mozo)	Aderezad dos camellos.
Jorán	¿Es lejos?
Tobías (Mozo)	Es en Ragés.
Jorán	Pues voy volando a traellos: ¿no vas tú?
Bato	Yo iré después.
Rafael	Presto volveré con ellos.
Tobías (Mozo)	Un gran convite apercibe

Ragel a su vecindad.

Rafael   Justo contento recibe
              de Dios.

Tobías (Mozo)   ¡Cielos, amparad
              quien para serviros vive!

Vanse los dos.

Tamar   Huélgome que hayas quedado
              donde me pueda quejar
              de la fe que me has negado.

Bato   Déjame; que estoy, Tamar,
              celoso y desesperado.

Tamar   ¡Traidor! ¿Cómo le dijiste
              a mi señora antiyer
              que nunca bien me quisiste?

Bato   Por no parecer mujer,
              mentir y sentirme triste.

Tamar   ¿Luego no me quieres bien?

Bato   Ello va a decir verdad.

Tamar   Dilo aunque muerte me den.

Bato   Si te tengo voluntad,
              mal fuego me queme amén.

Tamar   ¡Fiad de pastores bobos!

Bato	No hay mejores robos que en los necios confiados: si mujeres sois ganados, todos los hombres son lobos.

Dentro ruido y silbos.
Dentro:

¡Guarte, Llorente, que es brava
como un león!

Otra voz:

¡Huye, Gil!

Bato	Esto solo me faltaba: boda, vaca y tamboril. Tamar, el mundo se acaba.

Sale un villano.

Villano	Por aquí la haced traer para que Sara la vea.

Bato	¿De qué es, Llorente, el placer?

Llorente	De que por mil años sea Sara de Tobías mujer. Ha mandado mi señor matar dos vacas: la una salió con tanto rigor que parece a la fortuna; ni ve mayor ni menor:

	todo lo tumba y arrasa.
Bato	Tráenla a casa.
Villano	Ya está en casa.
Bato	¿Cuánto va a que me voltea?
Villano	¡Huye, Tamar!
Tamar	¡Que esto vea!
Bato	Como eso en el mundo pasa.

La grita y los silbos, y la vaca con muchos zagales, y muchachos con varas.

Villano 2.º	¡Guárdate, Bato!
Bato	Ya es tarde.
Villano	¿Tomóle?
Villano 2.º	Sí.
Villano	¡Dios te guarde!
Bato	¡Qué desdichado que soy! No salgo de cuernos hoy con ser celoso y cobarde.

Grita y silbos, y métenla.
Sale el Demonio.

Demonio	Al cabo de tantos días

¡oh, Rafael, ángel bello!
que del superior Egipto
estoy en los montes preso,
de la cadena me sueltas
sin permitirme a lo menos
perturbar sus bodas santas
con el menor desconcierto;
a las tinieblas me arrojas,
donde para siempre tengo
noche eterna desde el día
que de tu gloria carezco;
mándasme perder la luz
del cielo, que mirar temo,
donde en tan alta ocasión
sus ángeles me siguieron.
Yo derribé sus estrellas;
tembló el Sol y el monte inmenso
del testamento mis armas,
y agora me pones miedo.
¡Tinieblas, eterna noche,
gloria perdida, luz, cielos,
ángeles, estrellas, Sol,
y monte del testamento,
todos sabéis que tengo
dondequiera que estoy eterno fuego!
    Bien Rafael te ha guiado.
Tobías, pues su consejo
te ha dado la bella Sara.
muerte de tantos mancebos.
Ya Ragel te da su hacienda.
ya cargan treinta camellos
los pastores de riquezas,
guardadas por tanto tiempo,
ya de Gabelo cobro

Rafael los diez talentos,
todo se junta, y se aumenta
la envidia a que estoy sujeto.
Ya que todos los vecinos
liberal convite han hecho,
para Nínive se parten,
y siempre el ángel con ellos.
Dejan a Sara en sus campos
y adelántanse contentos
los dos a ver a su madre
y al ciego, ya mozo en vellos.
Rafael, Tobías, Sara,
Ragel, pastores, Gabelo,
vecinos, Nínive, campos,
la madre y el viejo ciego.
todos vivís, y yo muero.
que sin poder morir mil muertes siento.
    Las competencias que traigo
con Dios, ¿de qué me sirvieron?
Mis iras templa su voz
y pone a mis rabias freno.
¿De qué sirven mis envidias?
Pues cuando agradarlas pienso,
dobla el cielo mis pesares
y los celos que padezco,
decir blasfemias, ¿qué importa?
Dios hace su gusto, y quedo
con nuevas enemistades
de los hombres que aborrezco;
a mis desesperaciones,
Tobías ha dado aumento;
mis miedos crecen; que Dios
por algo guarda su pueblo.
Competencias, iras, rabias,

envidias, pesares, celos,
blasfemias, enemistades,
desesperaciones, miedos;
abridme, abridme el centro,
que manda Dios que me atormenten dentro.

Vase, y salgan haciendo dentro ruido de ganados y camellos, Jorán, Tamar, Bato, Llorente, Gil, pastores, y Sara de camino.

Sara   En fin, ¿mi esposo, Jorán,
                        se adelantó a ver sus padres?

Jorán   Puesto que el círculo cuadres,
                        que por imposible dan,
                          no cuadrarás el amor
                        si no le das la presencia.

Sara   ¿Y yo qué diré en su ausencia
                        con tanta pena y temor?

Tamar   Presto llegarás también:
                        no te aflijas.

Sara   Si yo dejo
                        por mi esposo un padre viejo
                        que quiero y me quiere bien,
                          ¿fuera mucho que él dejara,
                        mientras que conmigo fuera,
                        el suyo?

Jorán   Prudente espera,
                        que presto verás su cara.

Llorente   Siéntate en aqueste prado

mientras los ganados comen,
porque ya es razón que tomen
el sustento acostumbrado.
Los pastores danzarán
o jugarán algún juego.

Sara   Que me entretengan les ruego.

Bato   Danza un momento, Jorán.

Si quieren, es buena ocasión de danzar uno solo, o si no, digan adelante:

Jorán   Juguemos, que basta ansí,
al marro, al pino, a la chueca.

Bato   Dice un amigo que peca
quien juegue en pie contra sí.
Son en extremo cansados
pelotas, bolas y bolos;
los juegos discretos solos,
son cartas, tablas y dados.
Vaya un juego de discretos,
que para mi condición,
solos los novios lo son.

Gil   ¿Qué juego?

Tamar   ¿El de los efetos?

Gil   No, sino vayan las cintas.

Tamar   No habrá aquí tantas colores.

Llorente   Juguemos a los favores

o al de las pájaras pintas.

Tamar   Eso cuando muchos haya.

Jorán   Vaya el de las maravillas.

Bato   Aun ése tiene cosquillas
             vaya, si tú gustas.

Sara   Vaya.

Llorente   Maravíllome de ver
             cómo se puede casar
             quien no tiene que cenar,
             y no le dan de comer.

Gil   Maravíllome, a lo menos,
             de aquellos hombres tan bajos,
             que sin mirar sus trabajos
             murmuran de los ajenos.

Tamar   Maravíllome de quien
             con mil escudos de renta
             gasta cada año cuarenta.

Jorán   Tú te maravillas bien.
               Maravíllome, y es justo,
             de quien aún escribe apenas,
             y habla en las obras ajenas.

Bato   ¡Qué necedad tan sin gusto!
             Pero no os maravilléis,
             porque no hay hombre tan necio
             que no se tenga en más precio

que los que más sabios veis.
    Y maravíllame a mí
unos tontos juzgadores,
confiados, habladores,
de porque no y porque sí:
    que en su vida retrataron
una mosca, y no hay león
que no diga su ambición
que los dientes le sacaron.
    Pero tú, hermosa señora,
¿cómo no te maravillas?

Sara   Por no atreverme a decillas
del bien que mi alma adora...
    y maravíllame tanto
de ver cómo vino ausente,
que porque mejor lo cuente
a seguille me levanto.
    Vamos a Nínive, amigos;
que los amorosos fuegos
no sufren burlas ni juegos.

Jorán   Todos seremos testigos
    para con nueso señor,
de ese amor.

Sara   Poned las sillas;
que a todas las maravillas
vence en ausencia mi amor.

Vanse, y salen el Ángel y Tobías el mozo.

Rafael   Ya tu padre está avisado,
porque tu madre te vio

y las nuevas le llevó
de que a su casa has llegado.

Tobías (Mozo)   El perro, también al punto
que reconoció la casa,
las calles corriendo pasa.

Rafael   Todo el placer viene junto.

Salen Tobías el viejo, Ana, y el perro también.

Tobías (Viejo)   Ya conozco en tus caricias,
Melampo alegre y travieso,
que de todo buen suceso
me pides justas albricias.
No tengo qué darte aquí:
yo te prometo a la mesa
la más regalada presa.

Ana   Señor, tu hijo está aquí.

Sale Tobías el mozo.

Tobías (Mozo)   ¡Mi padre y señor!

Tobías (Viejo)   Detente;
poco a poco el bien me den
tus brazos, que mata el bien
cuando llega de repente.
Báculo de mi vejez
y de mis venas virtud
hoy me das vida y salud,
vuelve a abrazarme otra vez.

Ana	Dejalde un poco siquiera goce de ese bien que os sobra.

Tobías (Viejo)	Ana, quien este bien cobra,
	nunca que le sobre espera.
	  Pues llega, amado Azarías:
	dame tus brazos a mí,
	porque teniéndote a ti
	no eche menos a Tobías;
	  en fin, mi hijo, ¿volviste?

Rafael	A Dios las gracias se den.
Ana	Mi hijo, y todo mi bien, alegra mi ausencia triste.
Tobías (Mozo)	Sentaos. mi padre y señor, que os vengo a curar también; que si los ojos no ven no tiene descanso amor.
Tobías (Viejo)	¿Curarme, hijos?
Tobías (Mozo)	Azarías me ha dado un remedio cierto.
Tobías (Viejo)	Si él lo fuese, yo te advierto del aumento de mis días.
Tobías (Mozo)	Sentaos.
Rafael	Úntale muy bien.
Tobías (Mozo)	En nombre de Dios.

Tobías (Viejo)	¿Qué es esto? ¡Cielos! ¿La vista tan presto?
Ana	¿Pues ven tus ojos?
Tobías (Viejo)	Ya ven. Ya ven, Ana, el hijo mío y su dulce compañero; darles mil abrazos quiero con nueva salud y brío. ¡Bendito, Señor, seáis, que castigáis y os doléis!
Tobías (Mozo)	En fin, ¿a todos nos veis?
Tobías (Viejo)	Dos ángeles imitáis, ya apercibo los colores: ya veo la luz del cielo: ¿a cuál hombre en todo el suelo hizo Dios tantos favores?
Tobías (Mozo)	Después dél, padre y señor, todo se debe a Azarías: casado vengo.
Tobías (Viejo)	¿Casado?
Tobías (Mozo)	Con Sara, mi hermosa prima; Ragel me ha dado su hacienda, Gabelo con mil caricias, los diez talentos.
Tobías (Viejo)	¿A dónde

	dejas mi amada sobrina?
Rafael	Ya vienen.
Gil	Ésta es la casa.

Suena grita y salen todos.

Sara	¡Dulce esposo!
Tobías (Mozo)	¡Esposa mía!
Tobías (Viejo)	¡Sobrina!
Sara	¡Querido tío! ¡Señora!
Ana	¡Querida hija!
Bato	Notable contento ha dado a los viejos la venida de sus hijos.
Jorán	¿No es razón?
Bato	Tengo a los brazos envidia; pero, abrázame, Tamar.
Tamar	Que vengo contigo mira.
Bato	Abracémonos nosotros, y ande la fiesta y la jira, mas ¿no dicen que era ciego el viejo?

Jorán	Dijo Azarías que le había de curar.
Bato	¿Pues a los ciegos da vista?
Jorán	¿No lo ves?
Bato	Pues, ¡voto al Sol! Que con esa medicina puede ganar un tesoro si se va de villa en villa.
Tobías (Viejo)	Hijo, escucha: Este mancebo, que ha sido tu amparo y guía. querrá volverse a su casa con la paga prometida que le daremos.
Tobías (Mozo)	¡Ay, padre, que no sé cómo lo diga! Él me defendió en un río de una bestia que quería en su vientre sepultarme; él me casó con mi prima y me libró del Demonio y de su mano homicida, que a siete bellos mancebos, por Sara quitó las vidas, cobróme los diez talentos, y a ti te cobró la vista con la hiel del mismo pez: muy corta hacienda es la mía para que pueda pagarle.

Tobías (Viejo)	Él es tan bueno que anima; pero, démosle la media.
Tobías (Mozo)	Llámale, padre.
Tobías (Viejo)	Azarías.
Rafael	¿Qué mandáis?
Tobías (Mozo)	Mi honrado padre confiesa que nos cautivas: córrese en pensar la paga.
Tobías (Viejo)	Hijo amado, al cielo obligas por el bien que nos has hecho: todo es tuyo cuanto miras; pero porque algo nos quede que sustente la familia, toma alegre la mitad, y el premio de Dios recibas.
Rafael	Bendecid a Dios, señores, y confesad su infinita misericordia; que es bien que sus grandezas se digan; más vale la oración santa, ayuno y limosna rica, que los tesoros guardados, limosnas de muerte libran: cuando enterrábades muertos, dejando vuestra comida, llevaba a Dios vuestro llanto, que estos trabajos envía

139

a los que quiere probar,
y él me ha mandado que asista
para libraros a todos:
porque no soy Azarías,
sino Rafael, un ángel
de los siete que a la Trina
majestad de un Dios asisten;
paz, contento y alegría
quede, amigos, con vosotros:
él os ampare y bendiga;
que ya es tiempo de volver
a la dulce patria mía.

Suba hasta lo alto con música.

Tobías (Viejo)   Gracias os den, gran Señor,
                   vuestras virtudes divinas.

Bato   ¡Hola! Jorán, ¿Ángel era
                   quien con nosotros venía?

Jorán   ¿No lo ves?

Bato   Mejor es éste
                   que no el otro que venía
                   a desmaridar a Sara.

Tobías (Mozo)   Pastores, con las debidas
                   gracias, a Dios alabemos,
                   y después por nueve días
                   dure el convite en mi casa.

Bato   Dame licencia que pida
                   para mi esposa a Tamar.

Sara	Si quiere, Dios os bendiga.
Bato	¡Si quiere! Estáme rogando.
Tamar	Mi pensamiento adivinas.
Tobías (Mozo)	Y dé con esto, senado, fin la Historia de Tobías.

Fin de la comedia

Libros a la carta

A la carta es un servicio especializado para
empresas,
librerías,
bibliotecas,
editoriales
y centros de enseñanza;
y permite confeccionar libros que, por su formato y concepción, sirven a los propósitos más específicos de estas instituciones.

Las empresas nos encargan ediciones personalizadas para marketing editorial o para regalos institucionales. Y los interesados solicitan, a título personal, ediciones antiguas, o no disponibles en el mercado; y las acompañan con notas y comentarios críticos.

Las ediciones tienen como apoyo un libro de estilo con todo tipo de referencias sobre los criterios de tratamiento tipográfico aplicados a nuestros libros que puede ser consultado en Linkgua-ediciones.com.

Linkgua edita por encargo diferentes versiones de una misma obra con distintos tratamientos ortotipográficos (actualizaciones de carácter divulgativo de un clásico, o versiones estrictamente fieles a la edición original de referencia).

Este servicio de ediciones a la carta le permitirá, si usted se dedica a la enseñanza, tener una forma de hacer pública su interpretación de un texto y, sobre una versión digitalizada «base», usted podrá introducir interpretaciones del texto fuente. Es un tópico que los profesores denuncien en clase los desmanes de una edición, o vayan comentando errores de interpretación de un texto y esta es una solución útil a esa necesidad del mundo académico.

Asimismo publicamos de manera sistemática, en un mismo catálogo, tesis doctorales y actas de congresos académicos, que son distribuidas a través de nuestra Web.

El servicio de «libros a la carta» funciona de dos formas.

1. Tenemos un fondo de libros digitalizados que usted puede personalizar en tiradas de al menos cinco ejemplares. Estas personalizaciones pueden ser de todo tipo: añadir notas de clase para uso de un grupo de estudiantes, introducir logos corporativos para uso con fines de marketing empresarial, etc. etc.

2. Buscamos libros descatalogados de otras editoriales y los reeditamos en tiradas cortas a petición de un cliente.